Beck'sche Reihe
BsR 314

Nach seiner erfolgreichen „Chronik der Bundesrepublik" legt Lehmann jetzt eine „Chronik der DDR" vor. Wer sich zuverlässig und schnell über Geschichte und Politik der DDR informieren will, sollte zu dieser Chronik greifen. Sie begleitet den interessierten Staatsbürger – vom Politiker bis zum Schüler – über den Tag hinaus. Denn sie bietet nicht nur Daten und Fakten zur politischen, wirtschaftlichen und gesellschaftlichen Entwicklung von den Anfängen bis zur Gegenwart, sondern ordnet diese Informationen auch nach übergreifenden Sachthemen und historisch-politischen Gesamtzusammenhängen. Der Anhang enthält Statistiken und weitere Informationen in übersichtlichen Tabellen und Listen. Ein Personenregister sowie eine ausgewählte, thematisch gegliederte Bibliographie zur gezielten Weiterarbeit ergänzen das Buch.

Hans Georg Lehmann, geb. 1935 in Mährisch Schönberg; Studium der Politikwissenschaft, Zeitgeschichte, Germanistik und Rechtswissenschaft in München und Tübingen; Staatsexamen für das Höhere Lehramt 1963 und Promotion zum Dr. phil. 1966 in Tübingen; Mitherausgeber der „Akten zur deutschen auswärtigen Politik" im Auswärtigen Amt in Bonn 1966–1974; Stipendiat der Deutschen Forschungsgemeinschaft 1974–1976; Habilitation 1976 in Bonn; Dozent für Politikwissenschaft an der Pädagogischen Hochschule Rheinland (Abteilung Bonn) 1977; Professor für Politikwissenschaft an der Universität Bonn seit 1980. Weitere Veröffentlichungen des Autors siehe am Ende des Buches.

HANS GEORG LEHMANN

Chronik der DDR
1945/49 bis heute

VERLAG C.H.BECK MÜNCHEN

Mit 1 Karte

CIP-Kurztitelaufnahme der Deutschen Bibliothek

Lehmann, Hans Georg:
Chronik der DDR: 1945/49 bis heute / Hans Georg
Lehmann. – Orig.-Ausg. – München: Beck, 1987.
  (Beck'sche Reihe; Bd. 314)
  ISBN 3 406 31596 8

NE: GT

Originalausgabe
ISBN 3 406 31596 8

Einbandentwurf von Uwe Göbel, München
Umschlagbild: Landeszentrale für politische Bildungsarbeit Berlin
© C. H. Beck'sche Verlagsbuchhandlung (Oscar Beck), München 1987
Gesamtherstellung: Presse-Druck und Verlags-GmbH, Augsburg
Printed in Germany

Inhalt

Erster Teil
Von der SBZ zur DDR
1945–1949

Zweiter Teil
Die Ära Ulbricht
1949–1971

Dritter Teil
Die Ära Honecker
1971–heute

Anhang

Einleitung

1. Zielsetzungen

Diese Chronik
– gibt eine *Gesamtübersicht über die Geschichte und Politik* der DDR: gegliedert nach übergreifenden Sachthemen von den Anfängen 1945/49 bis heute,
– vermittelt *historisch-politische Grundkenntnisse* über die DDR: dargeboten in Daten, Fakten, Ereignissen, Gesetzen und Verträgen in chronologischer Reihenfolge nach Kapiteln,
– nennt *wichtige Hilfsmittel, Nachschlagewerke und Fachbücher:* erleichtert so, historisch-politisches Basiswissen über die DDR zu ergänzen oder zu vertiefen.

2. Adressaten

Die „Chronik der DDR" wendet sich an alle, die historisch-politische Daten und Fakten nachschlagen oder sich über sie zeitsparend informieren wollen:
– an *Wissenschaftler/innen, Journalisten/innen, Publizisten/innen und Politiker/innen,*
– an *Lehrer/innen und Dozenten/innen* vor allem der Fächer Geschichte, Politik, Gemeinschaftskunde und Sozialwissenschaften,
– an *Studenten/innen* vornehmlich der Geschichts- und Politikwissenschaft,
– an *Schüler/innen der Sekundarstufe II* mit Grund- und Leistungskursen in den Fächern Geschichte, Politik oder Sozialwissenschaften,
– an *Staatsbürger/innen,* die sich nicht mit Tagesnachrichten zufriedengeben, sondern nach historisch-politischen Hintergründen und Entwicklungen fragen.

3. Hinweise für Benutzer/innen

Es empfiehlt sich, die Chronik je nach Zielsetzung wie folgt zu benutzen:
– zur *Schnellinformation über historisch-politische Vorgänge und Zusammenhänge:* Sie lassen sich durch fortlaufende Lektüre in den chronologisch angelegten Kapiteln erschließen oder vergegenwärtigen,
– zur *Kurzorientierung über bedeutende Politiker/innen:* Sie sind im Namenregister verzeichnet, das alle Seiten nennt, auf denen sie – in der Regel mit Amtsfunktion – erwähnt werden,
– zum *Nachschlagen wichtiger historisch-politischer Daten und Fakten:* Sie

lassen sich nach Kapiteln getrennt in chronologischer Reihenfolge unter Beachtung von Querverweisen (↑) auffinden,
– zum *weiterführenden Studium der Geschichte und Politik* der DDR: Die Auswahlbibliographie im Anhang empfiehlt – nach Sachthemen gegliedert – Hilfsmittel und Fachbücher, die weiterhelfen.

4. Anlage

Die Chronik kombiniert *Chronologie mit Systematik:* Sie gliedert den Stoff nach Kapiteln und innerhalb dieser Sachthemen nach Daten in zeitlicher Reihenfolge.

Sachthemenübergreifende Zusammenhänge (z. B. Bau der Berliner „Mauer") werden durch *Querverweise* hergestellt: *innerhalb* des Kapitels mit Pfeil und Datum/Daten (↑ 13. 8. 61), *außerhalb* des Kapitels mit römischen Zahlen und Datum/Daten (↑ VII. 13. 8. 61). Diese Querverweise lassen sich rasch auffinden, da die durchnumerierten Kapitelüberschriften auf jeder Seite als Kolumnentitel wiederkehren. Alle erwähnten Personen werden darüber hinaus im *Namenregister* erfaßt, so daß die Fundstellen schnell zu ermitteln sind.

Diese Chronik entspricht nach Zielsetzung und Anlage meiner *„Chronik der Bundesrepublik Deutschland 1945/49–1983"*, die in der Beck'schen Reihe als Band 235 erschienen ist (2. Auflage 1983). Einige Daten und Fakten, die beide deutsche Staaten oder Deutschland als Ganzes betreffen, sind übernommen, umgestellt oder ergänzt worden.

Redaktionsschluß: 1. August 1986

Bonn, im August 1986   *Hans Georg Lehmann*

Abkürzungen

ABF	Arbeiter- und Bauern-Fakultät(en)
ABI	Arbeiter- und Bauern-Inspektion
ACZ	Agrochemische(s) Zentren(um)
ADN	Allgemeiner Deutscher Nachrichtendienst
AGB	Arbeitsgesetzbuch
AIV	Agrar-Industrie-Vereinigung(en)
ARD	Arbeitsgemeinschaft der Rundfunkanstalten Deutschlands
BGB	Bürgerliches Gesetzbuch
BGL	Betriebsgewerkschaftsleitung(en)
BK	Bundeskanzler(amt)
BKV	Betriebskollektivvertrag
BR	Bundesrat der Bundesrepublik Deutschland
BRepD	Bundesrepublik Deutschland
BSB	Betrieb(e) mit Staatlicher Beteiligung
BT	Bundestag der Bundesrepublik Deutschland
BVG	Berliner Verkehrs-Gesellschaft
CDU	Christlich-Demokratische Union
Comecon	Council for Mutual Economic Assistance (Rat für Gegenseitige Wirtschaftshilfe)
ČS(S)R	Československá (Socialistická) Republica/Tschechoslowakische (Sozialistische) Republik
CSU	Christlich-Soziale Union
DBD	Demokratische Bauernpartei Deutschlands
DDR	Deutsche Demokratische Republik
DFD	Demokratischer Frauenbund Deutschlands
DKB	Deutscher Kulturbund
DWK	Deutsche Wirtschaftskommission
EDV	Elektronische Datenverarbeitung
EKD	Evangelische Kirche in Deutschland
EOS	Erweiterte Oberschule
EVG	Europäische Verteidigungsgemeinschaft
FDGB	Freier Deutscher Gewerkschaftsbund
FDJ	Freie Deutsche Jugend
FGB	Familiengesetzbuch
FU	Freie Universität

GBA	Gesetzbuch der Arbeit
GG	Grundgesetz der Bundesrepublik Deutschland
GP/B	Grenzpolizei und Bereitschaften (Hauptabteilung der Deutschen Verwaltung des Innern)
GPG	Gärtnerische Produktionsgenossenschaft(en)
GSSD	Gruppe der Sowjetischen Streitkräfte in Deutschland
GST.	Gesellschaft für Sport und Technik
HO	Staatliche Handelsorganisation
IBWZ	Internationale Bank für Wirtschaftliche Zusammenarbeit
IIB	Internationale Investitionsbank
INF	Intermediate (Range) Nuclear Forces (Nukleare Mittelstreckenwaffen)
IOC.	Internationales Olympisches Komitee
KAP	Kooperative Abteilung(en) Pflanzenproduktion
KAT	Kooperative Abteilung(en) Tierproduktion
KB	Kulturbund zur demokratischen Erneuerung Deutschlands (seit 1958: DKB)
KOV	Kooperationsverband aus LPG, GPG, VEG und kooperativen Einrichtungen dieser Betriebe
KPD	Kommunistische Partei Deutschlands
KPdSU.	Kommunistische Partei der Sowjetunion
KSZE	Konferenz für Sicherheit und Zusammenarbeit in Europa
KVAE	Konferenz über Vertrauens- und Sicherheitsbildende Maßnahmen und Abrüstung in Europa
KVP	Kasernierte Volkspolizei
LDPD	Liberal-Demokratische Partei Deutschlands
LPG	Landwirtschaftliche Produktionsgenossenschaft(en)
MAS	Maschinen-Ausleih-Station(en)
MfS	Ministerium für Staatssicherheit
MTS	Maschinen-Traktoren-Station(en)
NATO	North Atlantic Treaty Organization (Nordatlantikpakt Organisation)
ND	Neues Deutschland
NDPD	National-Demokratische Partei Deutschlands
NÖS	Neues Ökonomisches System (der Planung und Leitung der Volkswirtschaft)
NOK	Nationales Olympisches Komitee
NSDAP	Nationalsozialistische Deutsche Arbeiterpartei

NVA	Nationale Volksarmee
NVR	Nationaler Verteidigungsrat
P	Pflanzenproduktion (LPG-P)
PB	Politbüro
PGH	Produktionsgenossenschaft(en) des Handwerks
POS	Polytechnische Oberschule
ptl.	parteilos
RGW	Rat für Gegenseitige Wirtschaftshilfe
RTS	Reparatur- und Technische Station(en)
SAG	Sowjetische Aktiengesellschaft(en)
SALT	Strategic Arms Limitation Talks (Gespräche über die Begrenzung strategischer Waffen)
SBZ	Sowjetische Besatzungszone
SDAG	Sowjetisch-Deutsche Aktiengesellschaft
SED	Sozialistische Einheitspartei Deutschlands
SEW	Sozialistische Einheitspartei West-Berlins
SKK	Sowjetische Kontrollkommission
SMAD	Sowjetische Militäradministration in Deutschland
SPD	Sozialdemokratische Partei Deutschlands
START	Strategic Arms Reduction Talks (Gespräche über die Reduzierung strategischer Waffen)
SU	Sowjetunion
T	Tierproduktion (LPG-T)
TAN	Technisch begründete Arbeitsnorm(en)
UN	United Nations (Vereinte Nationen)
US(A)	United States (of America)
VAR	Vereinigte Arabische Republik
VdgB	Vereinigung(en) der gegenseitigen Bauernhilfe
VEB	Volkseigene(r) Betrieb(e)
VEG	Volkseigenes Gut
VR	Volksrepublik
VVB	Vereinigung(en) Volkseigener Betriebe
VVG	Vereinigung(en) Volkseigener Güter
WEU	West European Union (Westeuropäische Union)
WTR	Wissenschaftlich-Technische Revolution
WVO	Warschauer Vertragsorganisation
ZA	Zentralausschuß
ZBE	Zwischenbetriebliche Einrichtung(en) von LPG und VEG in der Tierproduktion
ZGB	Zivilgesetzbuch

ZGE . . . . Zwischengenossenschaftliche Einrichtung(en) von LPG in der Tierproduktion
ZK . . . . Zentralkomitee
ZKK . . . . Zentrale Kontrollkommission
ZPKK . . . . Zentrale Parteikontroll-Kommission
ZS . . . . Zentralsekretariat

ERSTER TEIL

Von der SBZ zur DDR
1945–1949

I. Alliierte Vorentscheidungen 1945–1949

1945

8. Mai Das *Oberkommando der Deutschen Wehrmacht* (Generalfeld-
marschall Keitel, Gen.-Admiral v. Friedeburg u. Generaloberst
Stumpff) unterzeichnet in Anwesenheit der bevollmächtigten
alliierten Generale die **bedingungslose Kapitulation** im sowjetischen Hauptquartier in Berlin-Karlshorst (eigentlich am 9. 5. um
0 Uhr 16). Damit endet in Europa der 2. Weltkrieg.

9. Mai In seiner *Siegesrede versichert* **Stalin,** es sei *nicht* Ziel der SU,
„Deutschland zu zerstückeln oder zu vernichten". Er rückte damit
öffentlich von alliierten Teilungsplänen ab, die er noch auf der
Konferenz in Jalta (4.–11. 2. 45) befürwortet hatte.

Während des 2. Weltkriegs hatte Stalin zwar gefordert, daß
Deutschland Territorien abtreten müsse, v. a. im Osten, da *Polen*
für den Verlust seiner Gebiete bis zur *Curzonlinie* („Ostpolen")
entschädigt werden müsse *(Kompensationstheorie)*; doch hatte er
sich gegenüber *Teilungsplänen Churchills* (Nord-/Südtrennung
Deutschlands entlang der Mainlinie) u. *Roosevelts* (Zerstücke-
lung Deutschlands in 5 Teilstaaten) reserviert oder gleichgültig
verhalten.

23. Mai Britische Truppen verhaften *Hitlers Nachfolger* **Dönitz** mit seiner
„Geschäftsführenden Reichsregierung" unter Graf Schwerin
v. Krosigk. Damit *endet* jede deutsche Zentralgewalt.

5. Juni **Berliner Deklaration:** „In Anbetracht der Niederlage" übernehmen die Regierungen der 4 Mächte die *„Oberste Regierungsge-
walt in Deutschland",* ohne es zu annektieren. Seine Grenzen
wollen sie später festlegen. Sie teilen sein Territorium nach dem
Stande vom 31. 12. 37 in *4 Besatzungszonen* auf, *Berlin* unter
einer Militärkommandantur in *4 Sektoren.* Die oberste Gewalt
repräsentiert der **Kontrollrat** aus den 4 alliierten Oberbefehlsha-
bern in Berlin: Jeder in seiner Zone, gemeinsam u. einstimmig in
allen Deutschland als Ganzes betreffenden Angelegenheiten.

Über den Kontrollmechanismus und den – ursprünglich geplanten – Drei-Mächte-Kontrollrat hatten sich die Siegermächte
im *Londoner Protokoll* vom 12. 9. u. 14. 11. 44 verständigt.

Die *Militärkommandantur für Berlin* nimmt die Arbeit am
11. 7., der *Kontrollrat* am 30. 8. 45 auf.

1. Juli Die *Rote Armee* besetzt jene Teile **Sachsens, Thüringens** u.
Mecklenburgs, die englische u. amerikanische Truppen erobert,
aber inzwischen – wie von Truman befürwortet, doch von Churchill kritisiert – geräumt hatten. Im Gegenzuge rücken *englische*
u. *amerikanische Truppen* bis 3./4. 7. (französische am 12. 8.) in
das *von der Roten Armee eroberte* **Berlin** ein.

Damit hatten die Siegermächte ihre Besatzungszonen u. Ber-
linsektoren in Besitz genommen, wie sie im *Londoner Protokoll*
vom 12. 9. 44 vereinbart u. in der *Berliner Deklaration* vom ↑5. 6.
45 modifiziert worden waren.

17. Juli Die **Potsdamer Konferenz** der *Großen Drei* (Truman; Stalin;
– 2. Aug. Churchill, ab 28. 7. Attlee) beschließt, Deutschland zu entmilitarisieren, zu entnazifizieren, zu demokratisieren (Erziehungswe-
sen, Gerichte, Parteien), zu dekartellisieren (Industrie) u. nach
dem Prinzip der Selbstverwaltung von unten nach oben zu
dezentralisieren. Vorgesehen sind *deutsche Zentralverwaltungen*
unter Staatssekretären für Finanzen, Transport, Verkehr, Außenhandel u. Industrie. Deutschland soll als *wirtschaftliche Einheit* betrachtet, seine Industrie kontrolliert, seine Land- u. Frie-
denswirtschaft gefördert, sein Lebensstandard unter dem Niveau
der europäischen Länder gehalten werden. *Reparationen* sind in
der jeweiligen Besatzungszone aus der laufenden Produktion,
aus Demontagen u. durch beschlagnahmte Auslandsguthaben zu
befriedigen; die SU erhält 10% der demontierten Industrieanla-
gen aus den Westzonen ohne Gegenleistung u. 15% gegen
Naturalien/Rohstoffe. *Nordostpreußen* mit Königsberg (westliche Zusage, dies bei der Friedensregelung zu unterstützen) u.
„die früher deutschen Gebiete" *östlich Oder u. westlicher Neiße*
sowie die „frühere" *Freie Stadt Danzig* kommen *vorbehaltlich* der
endgültigen Festlegung der Grenzen auf der Friedenskonferenz
unter sowjetische bzw. polnische *„Verwaltung"*. Die in Polen, der
ČSR u. in Ungarn zurückgebliebene *deutsche Bevölkerung* soll
„in ordnungsgemäßer u. humaner Weise" ausgesiedelt werden. –
Frankreich tritt den Beschlüssen am 7. 8. 45 bei, legt aber
erfolgreich *Veto* gegen die geplanten *5 gesamtdeutschen Zentralverwaltungen* ein.

Die Potsdamer Konferenz bestätigt den *Fortbestand der Anti-
Hitler-Koalition* auch nach dem Kriegsende trotz aller Meinungsverschiedenheiten; sie werden aber weitgehend durch *dilatori-
sche Formelkompromisse* überbrückt.

10. Sept. – 2. Okt.	Auf der 1. Konferenz des in Potsdam beschlossenen **Rats der Außenminister in London** fordert Frankreich die Abtrennung des Rhein-Ruhr-Gebiets; die SU verlangt eine dt. Zentralregierung u. eine 4-Mächte-Ruhrkontrolle; die USA schlagen einen 4-Mächte-Vertrag über die Entmilitarisierung Deutschlands für die Dauer von 25 Jahren vor *(Byrnes-Plan)*.

1946

25. April – 12. Juli	Der Rat der Außenminister vermag sich auf seiner **Konferenz in Paris** (I. Session: 25. 4.–16. 5., II. Session: 15. 6.–12. 7.) nicht zu einigen. *Byrnes* legt erneut seinen Plan vor, Deutschland für 25 bzw. 40 Jahre zu entwaffnen; er fordert den Zusammenschluß der 4 Zonen u. einen Friedensvertrag. *Molotow* kritisiert die westliche Besatzungspolitik; er verlangt einen deutschen Zentralstaat, eine 4-Mächte-Ruhrkontrolle, die „wirtschaftliche" Entmilitarisierung Deutschlands u. – wie auf der Krim-Konferenz in Jalta vom 4.–11. 2. 45 empfohlen – 10 Mrd. Dollar Reparationen als 50%igen sowjetischen Anteil.
(16?)17. Sept.	Der sowjetische Außenminister *Molotow* bezeichnet die **Oder-Neiße-Linie** als *endgültige deutsch-polnische Grenze*.
	Außenminister *Byrnes* hatte in seiner *Stuttgarter Rede* vom 6. 9. 46 den *Wandel der US-Besatzungspolitik* angekündigt. Der französische Anspruch auf die Saar werde anerkannt, der Umfang der an Polen abzutretenden Gebiete endgültig erst auf der *Friedenskonferenz* bestimmt.

1947

25. Febr.	Der Alliierte Kontrollrat *löst den* **Staat Preußen** förmlich auf; denn er sei „seit jeher Träger des Militarismus u. der Reaktion in Deutschland gewesen".
	Am 21. 7. 47 werden in der SBZ die *Provinzen Sachsen-Anhalt* u. *Brandenburg* in *Länder* umbenannt. ↑II. 4.–16. 7. 45
10. März – 24. April	Die **Moskauer Konferenz** des Rats der Außenminister scheitert am Dissens in der Deutschlandfrage (Friedensvertrag) u. den wachsenden Ost-West-Spannungen *(Truman-Doktrin* vom 12. 3. 47 zum Schutz Griechenlands u. der Türkei; Übergang zur Eindämmungspolitik *Kennans). Molotow* verlangt einen deutschen Einheitsstaat gemäß Weimarer Reichsverfassung, die Mitkontrolle des Ruhrgebiets, 10 Mrd. Dollar Reparationen, die Anerkennung der Oder-Neiße-Grenze, die Aufhebung der Bizone u. die Rückgabe des Saargebiets an Deutschland. *Marshall* u. *Bevin* befürworten die wirtschaftliche Einheit Deutschlands, seinen föderativen Aufbau u. die Einsetzung einer Grenzkom-

mission zur Revision der Oder-Neiße-Linie. *Bidault* erstrebt die Abtrennung der Saar u. des Rhein-Ruhr-Gebiets u. legt sich nicht auf eine der beiden Parteien fest.

Die Konferenz markiert die *Wende der US-Deutschlandpolitik,* die Byrnes in seiner Stuttgarter Rede vom 6. 9. 46 angedeutet hatte. Die Anti-Hitler-Koalition verfällt, der Kalte Krieg breitet sich aus.

5. Juni *US-Außenminister Marshall* verkündet in seiner Rede vor der Harvard-Universität ein *europäisches Hilfs- u. Wiederaufbauprogramm,* an dem Deutschland teilhaben soll **(Marshall-Plan).**

Auf der *Pariser Marshall-Plan-Konferenz* vom 27. 6.–2. 7. 47 lehnt Molotow ab, am European-Recovery-Program mitzuarbeiten. – Unter sowjetischem Einfluß sagen auch die ČSR, Polen u. Ungarn ihre Teilnahme am Marshall-Plan ab, die sie in Aussicht gestellt hatten.

25. Nov. Die **Londoner Konferenz** des Rats der Außenminister wird
– 15. Dez. *ergebnislos abgebrochen u. vertagt;* die Differenzen in der Deutschlandfrage sind nicht mehr zu überbrücken. Hauptstreitpunkte: Reparationen, Demontagen, Marshall-Plan, Bizone, Oder-Neiße-Frage, Friedensvertrag, Fragen der deutschen Verfassung u. Einheit.

Mit der Konferenz *enden* die Bemühungen der Siegermächte um eine *gemeinsame Deutschlandpolitik.*

1948

20. März Der sowjetische Militärgouverneur *Sokolowski* verläßt aus Protest gegen die Empfehlungen der Londoner Sechs-Mächte-Konferenz, zu der die SU nicht eingeladen worden war, den **Alliierten Kontrollrat.** Er hat seitdem nicht wieder getagt.

Die *I. Session der Londoner Sechs-Mächte-Konferenz* (Westmächte u. Benelux-Staaten) vom 23. 2.–6. 3. 48 hatte empfohlen, ein föderatives Regierungssystem in Westdeutschland zu errichten u. es an Marshall-Plan u. Ruhrkontrolle zu beteiligen.

23./24. Die **Warschauer Acht-Mächte-Konferenz** (SU, Albanien, Bulga-
Juni rien, Jugoslawien, Polen, Rumänien, ČSR, Ungarn) beschuldigt die Londoner Sechs-Mächte-Konferenz, Deutschland durch ihre Beschlüsse zu spalten, „antidemokratischen Geist" zu propagieren u. die „Oder-Neiße-Friedensgrenze" zu gefährden. Sie fordert eine gesamtdeutsche „demokratische" Regierung u. einen Friedensvertrag gemäß den Beschlüssen von Potsdam (↑17. 7.– 2. 8. 45).

Die *II. Session der Londoner Sechs-Mächte-Konferenz* vom 20. 4.–2. 6. 48 hatte die Militärgouverneure beauftragt, die westdeutschen Ministerpräsidenten zur Einberufung einer „Verfassunggebenden Versammlung" zu ermächtigen. – Am 1. 7. 48 übergeben Clay, Robertson u. Koenig den 11 Ministerpräsidenten die *Frankfurter Dokumente,* die zur Gründung der BRepD führen.

1949

23. Mai
– 20. Juni
Die **letzte Konferenz** des Rats der Außenminister in **Paris** scheitert an unüberbrückbaren Meinungsverschiedenheiten in der Deutschlandfrage. Die SU befürwortet, den Kontrollrat wiederzubeleben, einen Friedensvertrag abzuschließen u. einen paritätisch besetzten gesamtdeutschen Staatsrat zu bilden; die Westmächte schlagen vor, Deutschland wiederzuvereinigen, indem die Länder der SBZ dem soeben verabschiedeten Bonner Grundgesetz beitreten. ↑II. 7. 10. 49

II. Entstehung der DDR 1945–1949

1945

30. April
Aus dem *Exil in Moskau* trifft die **Gruppe Ulbricht** (KPD) mit dem Flugzeug in *Berlin* ein. Sie beginnt im Auftrage der Roten Armee, die deutsche Verwaltung aufzubauen; vielerorts spontan entstandene antifaschistische Ausschüsse, Aktions- u. Volkskomitees löst sie auf oder unterwirft sie ihrer Kontrolle.

Die gleichen Aufgaben übernehmen die *„Initiativgruppen"* des ZK der KPD unter *Ackermann in Sachsen* u. *Sobottka in Mecklenburg-Vorpommern* seit Ende Apr./Anfang Mai 45. – Am 9. 5. 45 reist *Mikojan nach Berlin*; er soll sich dort als Sonderbeauftragter der sowjetischen Regierung ein Bild von der Lage machen.

2. Mai
Das von der *Roten Armee eroberte Berlin kapituliert.* Großadmiral **Dönitz** wird **Nachfolger Hitlers.** Der bisherige Reichsfinanzminister *Graf Schwerin von Krosigk* bildet eine *„Geschäftsführende Reichsregierung"* in Plön bei Kiel (seit 3. 5. in Mürwik bei Flensburg). – Zum *Ende* jeder deutschen Zentralgewalt ↑I. 23. 5. 45.

Hitler hatte am 30. 4. im Bunker der Reichskanzlei *Selbstmord* begangen.

9. Juni
In Berlin-Karlshorst wird die **„Sowjetische Militäradministration**

in Deutschland" (SMAD) gebildet. (Oberster Chef: Schukow, seit 10. 4. 46 Sokolowski, seit 29. 3. 49 Tschuikow.) Sie organisiert sich auf Länder-/Provinz-, Kreis-, Stadt- u. teilweise Ortsebene. Die SMAD übt faktisch die *Souveränität* in der SBZ aus, denn sie bestimmt den politischen, sozialen, ökonomischen u. kulturellen Neuaufbau u. kontrolliert die deutsche Verwaltung.

10. Juni   Mit Befehl Nr. 2 *erlaubt die SMAD,* in der SBZ **„antifaschistische Parteien"** zu gründen. Sie sollen die „Überreste des Faschismus" ausrotten sowie die „Grundlage der Demokratie u. der bürgerlichen Freiheiten" festigen helfen. Die Werktätigen können *freie Gewerkschaften* bilden; sie dürfen Tarifverträge abschließen, Unterstützungs- u. Versicherungskassen organisieren sowie Bildungs- u. Kulturarbeit leisten. Die SMAD übt die *Kontrolle* über alle Organisationen aus, die sich *registrieren* lassen müssen.

11. Juni   Als *1. Partei* wendet sich die **KPD** (Pieck/Ulbricht) in Berlin mit einem Aufruf an die Öffentlichkeit. Der Weg, „Deutschland das Sowjetsystem aufzuzwingen", wäre falsch, da er „nicht den gegenwärtigen Entwicklungsbedingungen" entspreche; es gehe um die „Aufrichtung eines antifaschistischen, demokratischen Regimes, einer parlamentarisch-demokratischen Republik mit allen demokratischen Rechten u. Freiheiten für das Volk". Das ZK schlägt zu diesem Zweck ein *Aktionsprogramm* vor, das u. a. freien Handel u. private Unternehmerinitiative „auf der Grundlage des Privateigentums" befürwortet, u. empfiehlt die „Schaffung eines *Blocks* der antifaschistischen demokratischen Parteien".

15. Juni   Der *Zentralausschuß (ZA) der* **SPD** in Berlin (Grotewohl) fordert im *Gründungsaufruf* „Demokratie in Staat u. Gemeinde, Sozialismus in Wirtschaft u. Gesellschaft" (u. a. die Verstaatlichung der Banken, Versicherungen, Bodenschätze, Bergwerke; die Erfassung des Großgrundbesitzes u. der Großindustrie für die Zwecke des Wiederaufbaus u. die Abschaffung des arbeitslosen Einkommens). Er bejaht die *Aktionseinheit* mit gleichgesinnten Parteien u. bekennt sich zur *„organisatorischen Einheit der deutschen Arbeiterklasse"*.

Die vom Zentralausschuß geforderte *Einheitspartei* der Arbeiterklasse lehnt die KPD ab, doch beschließen beide Parteien am 19. 6. 45 ein *gemeinsames* **Aktionsprogramm.** – *Schumacher*, der die SPD in den Westzonen wiedergründet, weigert sich strikt, mit Kommunisten zusammenzuarbeiten.

15. Juni In Berlin rufen Vertreter *unterschiedlicher Gewerkschaftsrichtungen* (Allgemeiner Deutscher Gewerkschaftsbund, Christliche Gewerkschaften, Hirsch-Dunckersche Gewerkschaften, Revolutionäre Gewerkschaftsopposition) zur *Gründung des* **Freien Deutschen Gewerkschaftsbundes** (FDGB) auf. Er soll als *Einheitsgewerkschaft* die Zersplitterung in Richtungs- u. Berufsverbände überwinden u. zum antifaschistisch-demokratischen Neuaufbau beitragen.

Der FDGB konstituiert sich auf seinem *1. (Gründungs-)Kongreß* vom 9.–11. 2. 46 in Berlin.

26. Juni In **Berlin** gründen Hermes, Kaiser u. Lemmer die **CDU** als gemeinsame Partei beider Konfessionen auf der Basis des *„christlichen Sozialismus"*. Der Gründungsaufruf fordert eine „Ordnung in demokratischer Freiheit", die sich auf die „kulturgestaltenden sittlichen u. geistigen Kräfte des Christentums" besinnt, u. den ökonomischen Wiederaufbau „ohne jede Rücksicht auf persönliche Interessen u. wirtschaftliche Theorien in straffer Planung". Das Privateigentum wird bejaht, aber auch die *Sozialisierung* der Bodenschätze, des Bergbaus u. a. Schlüsselindustrien. – Nach Kaiser soll Deutschland wie bisher eine *„Brücke"* zwischen Ost u. West sein, neutral bleiben u. seine Einheit bewahren.

3. Juli Der **Kulturbund** *zur demokratischen Erneuerung Deutschlands* (Vorsitz: J. R. Becher) wird in Berlin von Schriftstellern, Künstlern, Wissenschaftlern, Lehrern u. Kulturvertretern gegründet. Der *zunächst überparteiliche* Verband soll dem antifaschistisch-demokratischen Neuaufbau dienen, „Geist u. Macht" in Deutschland miteinander versöhnen u. an das „Erbe" des Humanismus, der Klassik u. der Arbeiterbewegung anknüpfen.

4.–16. Juli Die *SMAD bestätigt die* **Verwaltungen** *u. ihre* **Präsidenten** in den **Ländern** *Sachsen* (Friedrichs SPD), *Mecklenburg-Vorpommern* (Höcker SPD) u. *Thüringen* (Paul parteilos) sowie in den **Provinzen** (seit 21. 7. 47 Länder) *Brandenburg* (Steinhoff SPD) u. *Sachsen-Anhalt* (Hübener LDPD). Die 1. Vizepräsidenten, die für „innere Angelegenheiten" zuständig sind, gehören der KPD an. – In den *Landes-/Provinzialverwaltungen* sind alle zugelassenen Parteien repräsentiert; das tradierte Berufsbeamtentum wird abgeschafft.

Am 22. 10. 45 bevollmächtigt die SMAD die Landes-/Provinzialverwaltungen, *Gesetze u. Verordnungen* zu erlassen.

5. Juli   Die **LDPD** (Koch, Külz) konstituiert sich in Berlin. Sie verbindet „liberale Weltanschauung" mit „demokratischer Staatsgesinnung" u. erhebt als einzige Partei *keine Sozialisierungsforderung*, da sie sich vorbehaltlos zur „freien Wirtschaft" auf der Basis des Privateigentums bekennt.

14. Juli   Unter formeller Wahrung ihrer Selbständigkeit bilden KPD, SPD, CDU u. LDPD in der SBZ die *„Einheitsfront der antifaschistisch-demokratischen Parteien"* (**Antifa-Block**). Der *paritätisch besetzte Zentrale Ausschuß* berät u. beschließt *einstimmig* über verbindliche Grundsatzfragen.

Der *Antifa-Block (Demokratische Block)* sollte nach dem Vorbild der kommunistischen *Volksfronttaktik* (VII. Kongreß der Kommunistischen Internationale 1935) dazu beitragen, bürgerliche Mittelschichten zu gewinnen u. die „führende Rolle der Arbeiterklasse" im Sinne der KPD/SED schrittweise durchzusetzen, notfalls mit Hilfe der Besatzungsmacht. Diese Einheitsfrontpolitik diente auch als „Hebel", die osteuropäischen Staaten zu „Volksdemokratien" sozialrevolutionär umzugestalten.

27. Juli   Die SMAD befiehlt, in der SBZ **11 Deutsche Zentralverwaltungen** aufzubauen, denen *Präsidenten* vorstehen (Verkehr; Post- u. Fernmeldewesen; Handel u. Versorgung; Industrie; Brennstoffindustrie; Land- u. Forstwirtschaft; Finanzen; Arbeit u. Sozialfürsorge; Gesundheitswesen; Volksbildung; Justiz). – Die Wirtschaftsverwaltungsorgane werden am ↑4. 6. 47 zur DWK zusammengefaßt.

Weitere 5 Zentralverwaltungen folgen: für deutsche Umsiedler (Sept. 45), für Statistik (Okt. 45), die Zentrale Deutsche Kommission für Sequestrierung u. Beschlagnahme (März 46), die Deutsche Verwaltung des Innern (Juli 46) u. die Deutsche Verwaltung für Interzonen- u. Außenhandel (Juli 47).

Die Zentralverwaltungen üben im Auftrag der SMAD *Beratungs-, Koordinierungs- u. Anleitungsfunktionen* gegenüber den Landes-/Provinzialverwaltungen aus, die ihnen aber *nicht unterstellt* sind. Die Schlüsselpositionen besetzen Kommunisten. Alle aktiven Nationalsozialisten, die sich registrieren lassen müssen, werden aus der Verwaltung entfernt *(Entnazifizierung)*.

20./21. Dez.   Die **„Sechziger Konferenz"** tagt in Berlin mit je 30 Delegierten von *SPD u. KPD*. Grotewohl macht Vorbehalte gegen die von den Kommunisten zunächst abgelehnte u. verzögerte, seit Mitte Sept. 45 jedoch forcierte Vereinigung beider Parteien geltend, solange der gesamtdeutsche Rahmen fehle; auch erfordere sie den Verzicht auf die „Vorzugsstellung" der KPD u. auf undemokratische Methoden wie Druck oder Zwang. Nach dem Schlußkommuniqué soll die Aktionseinheit beider Parteien erweitert u. vertieft werden u. den „Auftakt zur Verwirklichung der politischen u. organisatorischen Einheit der Arbeiterbewegung" bilden.

Noch am 15. 1. 46 wendet sich der *Zentralausschuß der SPD* in einer Resolution *gegen die Parteiverschmelzung* unter KPD-Führung in der SBZ u. versucht, sie zu verzögern.

1946

7. März Die **Freie Deutsche Jugend** (FDJ) wird als einheitlicher Jugendverband in der SBZ gegründet (Vorsitz: Honecker). Der „Zentrale Jugendausschuß" hatte am 26. 2. beantragt, die FDJ als „überparteiliche, demokratische" Organisation zuzulassen.

Kinder von 6–14 J. sind im am 13. 12. 48 gegründeten **Pionierverband** organisiert: zunächst als *Jungpioniere* (1.–3. Klasse), dann als *Thälmann-Pioniere* (4.–7. Klasse). Mit dem Eintritt in die 8. Klasse sollen sie „freiwillig" der FDJ beitreten.

Auf dem IV. Parlament vom 27.–30. 5. 52 in Leipzig revidiert die FDJ ihre Verfassung: Sie bekennt sich darin endgültig zur führenden Rolle der SED, zur Freundschaft mit der SU u. verpflichtet sich, die DDR zu verteidigen.

21./22. Die **Sozialistische Einheitspartei Deutschlands** (SED) wird im
April Berliner Admiralspalast durch die *Vereinigung von KPD* (507 Delegierte) u. *SPD* (548 Delegierte) in der SBZ gegründet. Zuvor hatten am 19./20. 4. die *letzten Parteitage* beider Parteien in der SBZ stattgefunden; auch die SPD-Delegierten befürworteten trotz teilweiser Skepsis eindeutig die Parteiverschmelzung. *Hauptgründe:* 1. Die SPD stand unter einem doppelten Druck: *von oben* durch die SMAD, die „Einheitsgegner" verhaftete oder mit Redeverbot bestrafte, *von unten* durch „Aktionsausschüsse", die – oft auf Anweisung sowjetischer Kommandanten – in Gemeinden oder Kreisen die Parteivereinigung vorweggenommen hatten; 2. Die KPD machte *Zugeständnisse*, indem sie sich zum „besonderen deutschen Weg zum Sozialismus" (Ackermann am 9. 2. 46) bekannte u. volle „Demokratie" u. Gleichberechtigung zusicherte; 3. Die Niederlage der Kommunisten bei *freien Wahlen* in Österreich u. Ungarn sowie die *verschärften Ost-West-Spannungen* in Osteuropa u. im Nahen Osten (v. a. der erzwun-

gene Rückzug der Roten Armee aus dem *Iran*) forcierten die
Bestrebungen der SU, vollendete Tatsachen in der SBZ zu
schaffen. – Zur Urabstimmung der West-Berliner Sozialdemokraten ↑IV. 31. 3. 46.

Nach ihren einstimmig verabschiedeten programmatischen
„*Grundsätzen u. Zielen*" betrachtet sich die SED als „unabhängi-
ge Partei", die für die „wahren nationalen Interessen ihres
Volkes" kämpft u. „für die wirtschaftliche, kulturelle u. politische Freiheit Deutschlands" eintritt. Sie ist zunächst keine Ka-
derpartei nach sowjetischem Vorbild, sondern eine *Massenpar-
tei,* die statutengerecht alle Funktionen von Betriebs- u. Orts-
gruppen bis zum Zentralsekretariat (ZS) *paritätisch* mit Kommunisten u. Sozialdemokraten besetzt (gleichberechtigte Parteivor-
sitzende: *Pieck u. Grotewohl).* Die 1. Nummer des Zentralorgans
„Neues Deutschland" erscheint am 23. 4. 46.

In der deutschen Nachkriegsgeschichte markiert die Gründung
der SED eine *Zäsur,* an der sich die Meinungen scheiden. In den
Westzonen wird sie, von der KPD abgesehen, als *Satellitenpartei*
der KPdSU angeprangert, von der Bevölkerung in der SBZ
anfänglich „*Russenpartei*" geheißen; die SED selbst versteht ihre
Gründung als „bisherigen Höhepunkt in der Geschichte der
deutschen Arbeiterbewegung u. des deutschen Volkes".

22. Mai Die Landes- u. Provinzialverwaltungen erlassen – fast gleichlau-
– 2. Juni tend – das *Gesetz zur* **Demokratisierung der deutschen Schule**.
Die *neueingeführte* **Einheitsschule** soll ohne Rücksicht auf Ge-
schlecht, Besitz, Glauben oder Abstammung Privilegien im
Bildungswesen abschaffen. Die Schule wird ausschließlich „An-
gelegenheit des Staates", der Religionsunterricht „Angelegen-
heit der Religionsgemeinschaft".

Auf den „vorschulischen" Kindergarten folgt die 8klassige
obligatorische Grundschule. Sie wird durch die 3jährige Berufs-
schule bzw. die 4jährige Ober- u. Fachschule ergänzt.

In kurzfristigen Lehrgängen vorbereitete „*Neulehrer*" ersetzen
die aus dem Schuldienst im Zuge der „Entnazifizierung" entlassenen Lehrer.

20. Okt. Bei den **Landtagswahlen** *in der SBZ* erhält die SED durchschnitt-
lich 47,5% der abgegebenen gültigen Stimmen. Sie verfehlt damit
die erstrebte absolute Mehrheit, obwohl sie die SMAD begün-
stigt hatte. – Bei den *Kreistagswahlen* kommt die SED auf 50,3%
der Stimmen. – Zu Berlin ↑IV. 20. 10. 46.

1947

7.–9. Der **Demokratische Frauenbund Deutschlands** (DFD) wird in
März Berlin aus antifaschistischen Frauenausschüssen *gegründet.* Er
will Frauen aktiv an das politisch-gesellschaftliche Leben heran-
führen.

4. Juni Die SMAD setzt die **Deutsche Wirtschaftskommission** (DWK)
ein. Sie koordiniert in der SBZ *zentral* die Arbeit der Landesver-
waltungen u. gewährleistet die Reparationslieferungen.

Seit dem 12. 2. 48 obliegen der DWK als *De-facto-Regierung* v.
a. die Wirtschaftsplanung u. -leitung. Sie erhält am 20. 4. 48
Gesetzgebungsbefugnisse, die für alle deutschen Organe in der
SBZ verbindlich sind.

Am 11./12. 10. 49 wird die DWK in die *„Provisorische Regierung"* der DDR eingegliedert.

6./7. Juni Die einzige *gesamtdeutsche* **Ministerpräsidentenkonferenz in
München,** vom bayrischen Ministerpräsidenten Ehard (CSU)
initiiert, *scheitert* bereits an der Tagesordnung: Die SBZ-Vertre-
ter reisen am Vorabend der Konferenz ab, da ihr Antrag, „die
Bildung einer deutschen Zentralverwaltung" zur „Schaffung
eines deutschen Einheitsstaates" zuerst zu verhandeln, abgelehnt
wird.

20.–24. Auf ihrem **II. Parteitag** (mit westdeutschen Delegierten) bekennt
Sept. sich die **SED** „zum Marxismus als der wissenschaftlichen Grundlage der Arbeiterbewegung". Im „Kampf um die Einheit
Deutschlands" fordert sie einen Volksentscheid für einen „demokratischen Einheitsstaat mit dezentralisierter Verwaltung". Unter der Losung „Mehr produzieren, gerechter verteilen, besser
leben!" soll die *Arbeitsproduktivität* auf der Basis des *Leistungs-
prinzips* erhöht u. die Lebensmittelversorgung verbessert
werden.

6./7. In Berlin tritt der **1. Deutsche Volkskongreß** zusammen; er
Dez. besteht aus Delegierten politischer Parteien u. Organisationen,
z. T. auch aus den Westzonen. Er fordert eine Volksabstimmung
mit der Zielsetzung, die „demokratische Einheit" Deutschlands
herzustellen u. eine deutsche Zentralregierung zu schaffen.

Ursprünglich war die *„Volkskongreßbewegung für Einheit u.
gerechten Frieden"* einberufen worden, um auf der Londoner
Außenministerkonferenz (↑I. 25. 11.–15. 12. 47) den gesamtdeutschen Willen zu repräsentieren. Sie entwickelte sich jedoch
immer mehr zu einem Kampfinstrument der *SED-Bündnispoli-*

tik. Da die *CDU-Vorsitzenden Kaiser u. Lemmer* ablehnen, sich an ihr zu beteiligen u. damit ihre politische Selbständigkeit aufzugeben, werden sie am 19./20. 12. 47 von der SMAD *abgesetzt;* an ihre Stellen treten konzessionsbereite Parteiführer wie Nuschke, Dertinger, Hickmann u. a. – Kaiser war auch deshalb immer mehr in Konflikt mit SMAD u. SED geraten, weil er eine *„nationale Repräsentation"* als *„Brückenbau"* zwischen Ost u. West forderte, den von der SU abgelehnten *Marshallplan* billigte u. die *Oder-Neiße-Linie* als Grenze ablehnte.

1948

17./18. März Der **2. Deutsche Volkskongreß,** von der SED anläßlich der 100-Jahr-Feier der Revolution von 1848 einberufen, besteht aus Delegierten der Blockparteien u. Massenorganisationen in der SBZ sowie Teilnehmern aus den Westzonen. Er fordert ein Volksbegehren für einen Volksentscheid über die *Einheit* Deutschlands u. wählt den **1. Deutschen Volksrat,** der beansprucht, die berufene Repräsentation für ganz Deutschland zu sein.

Der vom *„Verfassungsausschuß"* (Grotewohl) vorgelegte u. am 22. 10. 48 vom 1. Deutschen Volksrat bestätigte *Verfassungstext*, der sich an den SED-Entwurf einer „Verfassung für die deutsche demokratische Republik" vom 14. 11. 46 anlehnt, wird zur öffentlichen Diskussion gestellt. *Am 19. 3. 49 verabschiedet der 1. Deutsche Volksrat den überarbeiteten Verfassungstext.* ↑7. 10. 49

21. April bzw. 25. Mai Die **National-Demokratische Partei Deutschlands** (NDPD) wird von Bolz *gegründet* u. in den Antifa-Block aufgenommen. Sie soll ehemalige NSDAP-Mitglieder, Soldaten u. Offiziere sowie bürgerlich-nationale u. -konservative Kreise zur politischen Mitarbeit motivieren.

Die **Entnazifizierung** war formell mit der Auflösung der Entnazifizierungskommissionen am 10. 3. 48 *beendigt* worden; danach folgen nur noch Strafverfahren gegen NS- u. Kriegsverbrecher.

29. April Die *neugegründete* **Demokratische Bauernpartei Deutschlands** (DBD) soll die bäuerlichen Eigentümer für die Antifa-Politik gewinnen.

15./16. Sept. Der *Parteivorstand der SED lehnt* einen *„besonderen deutschen Weg zum Sozialismus"* **(Sonderweg-Theorie)** *ab;* denn er bedeutet, das „große historische Beispiel der Sowjetunion" zu mißachten u. die „Grundlagen des Marxismus-Leninismus" anzutasten.

Das sowjetische Modell gilt fortan als alleinverbindlich; oppositionelle Sozialdemokraten („Schumacheragenten"), Gewerkschafter u. Kommunisten, die nicht – wie z. B. Ackermann am 24. 9. 48 – „Selbstkritik" üben, werden als „feindliche Elemente" aus der SED ausgeschlossen oder verhaftet (u. a. Fank, Drescher, Kreutzer). Die „Säuberung" obliegt der neugebildeten *Zentralen Parteikontroll-Kommission* (ZPKK).

1949

25.–28. Jan. Die **1. Parteikonferenz** *(Ersatzparteitag)* der **SED** setzt ein *Politbüro* als Führungsspitze des Parteivorstands ein. Einstimmig beschlossen wird, die *„Partei neuen Typus"* zu schaffen: eine Kader- u. Kampfpartei nach sowjetischem Vorbild. Sie versteht sich als „bewußte Vorhut der Arbeiterklasse" u. organisiert sich nach dem Prinzip des *„demokratischen Zentralismus"*, d. h. der freiwilligen Unterordnung der Basis unter die Parteiführung („Parteidisziplin"). Der Grundsatz der Parität bei der Besetzung aller Führungsfunktionen wird aufgegeben.

Die *„Stalinisierung"* (Weber) der SED ähnelt Vorgängen in der KPD während der Weimarer Republik (1924–29).

29./30. Mai Der **3. Deutsche Volkskongreß** bestätigt die vom 1. Volksrat am 19. 3. 49 beschlossene *Verfassung* für eine deutsche demokratische Republik u. wählt aus seinen Reihen den *2. Deutschen Volksrat* (330 Mitglieder, davon 90 der SED).

Der 3. Volkskongreß war am 15./16. 5. 49 in der SBZ *erstmals nach einer* **Einheitsliste** des „Demokratischen Blocks" von der wahlberechtigten Bevölkerung gewählt worden (⅔ Ja-, ⅓ Neinstimmen); aus den Westzonen werden Teilnehmer delegiert.

7. Okt. **Gründung der DDR:** Der *2. Deutsche Volksrat* erklärt sich zur *Provisorischen Volkskammer* u. setzt die **Verfassung** in Kraft. ↑VI. 7. 10. 49

Der *Parlamentarische Rat,* der von den 11 westdeutschen Landtagen gewählt worden war, hatte am 23. 5. 49 das **Grundgesetz** verkündet u. damit die **Bundesrepublik Deutschland** (BRepD) gegründet.

III. Wirtschafts- und Sozialreformen 1945–1949

1945

23. Juli   Die SMAD befiehlt die *Schließung aller* **privaten Banken** u. **Versicherungen.** Sie werden damit *faktisch „sozialisiert".*

3.–10. Sept.   **Bodenreform-Verordnungen** *der Landes- u. Provinzialverwaltungen: Alle Großgrundbesitzer* mit Gütern von *über 100 ha Größe* sowie *prinzipiell* Wirtschaften u. Inventar *von NS-Führern u. Kriegsverbrechern* werden *entschädigungslos enteignet;* das konfiszierte Land kommt mit staatlichem Grundbesitz in einen *Bodenfonds.* Aus ihm erhalten v. a. Landarbeiter, landlose oder -arme Bauern sowie „Umsiedler" Parzellen nebst Inventar als nicht verkauf-, teil-, pfänd- oder verpachtbares Privateigentum *(„Arbeitseigentum")* zugewiesen. („Junkerland in Bauernhand!") ⅓ des Bodenfonds bewirtschaften Länder, Kreise u. Gemeinden als *Volkseigene Güter* (VEG).

Eine „demokratische Bodenreform" hatten alle Blockparteien befürwortet, jedoch mit unterschiedlichen Zielen. Widerstände regten sich v. a. in der *CDU-Spitze,* die eine Entschädigung für den nicht in der NS-Zeit belasteten Großgrundbesitz u. „lebensfähige Familienbetriebe" anstelle der Parzellierung forderte; daher werden der *CDU-Vorsitzende Hermes u. sein Stellvertreter Schreiber* auf Druck der SMAD am 19. 12. 45 *durch Kaiser u. Lemmer ersetzt.*

Mit der radikalen Bodenreform verlor v. a. das *ostelbische Junkertum* seine ökonomische Basis. Es hatte im alten Preußen die aristokratische Führungselite in Politik, Verwaltung u. Armee gestellt.

Die seit Herbst 45 entstehenden *Vereinigungen der gegenseitigen Bauernhilfe* (VdgB) sollen, Raiffeisen-Genossenschaften vergleichbar, durch *Maschinen-Ausleih-Stationen* (MAS), *Produzentengemeinschaften, Reparaturwerkstätten, Saatgut, Düngemittel, Kredite* u. a. die Bodenreform absichern. Die VdgB, die v. a. 49–51 ausgebauten MAS („FDJler auf die Traktoren") u. die *Vereinigungen Volkseigener Güter* (VVG) sind später „Hebel" zur *Kollektivierung der Landwirtschaft.*

4. Sept.   Die SMAD ordnet an, die *Justiz zu reorganisieren.* Diese **Justizreform** vereinheitlicht, zentralisiert u. entnazifiziert die Gerichte u. Staatsanwaltschaften. An die Stelle der entlassenen NS-

Juristen treten v. a. „*Volksrichter*" u. *Staatsanwälte* im „*Soforteinsatz*", d. h. ohne juristische Ausbildung.

Die reorganisierte u. entnazifizierte *Polizei* wird zu einem „proletarischen Klassenorgan" der „antifaschistisch-demokratischen Ordnung" umgestaltet.

29. Okt. Die **Industriereform** beginnt mit der *entschädigungslosen Enteignung des Flick-Konzerns in Sachsen.* Zuvor waren bereits in einzelnen Städten, dann in Ländern/Provinzen Bestimmungen ergangen, wie NS- u. Kriegsverbrecher zu bestrafen, ihr Vermögen zu erfassen/beschlagnahmen u. die Produktion zu regeln sei *(Bereinigungsausschüsse, später Sequesterkommissionen).* Die SMAD übergibt das auch oft von Betriebsräten beschlagnahmte Vermögen – von Ausnahmen abgesehen – am 29. 3. 46 deutschen Verwaltungsorganen. Damit werden die *Grundlagen für die Sozialisierung* v. a. der Schwerindustrie gelegt.

Den von der SMAD befohlenen Wiederaufbau wichtiger Industrien behindern die *Demontagen:* bis Ende 46 v. a. des Maschinenbaus, der chemischen u. optischen Werke sowie des 2. Gleises fast aller Bahnstrecken, danach die entnommenen Reparationen aus der laufenden Produktion.

1946

5. Juni Wichtige Großunternehmen (z. B. *Leuna-, Buna-, Bitterfeld-, Wismut-Werke*) werden nicht – wie ursprünglich geplant – als Reparationsleistungen demontiert, sondern in **Sowjetische Aktiengesellschaften** (SAG) umgewandelt. Sie erzeugen zeitweilig ca. ¼ der Gesamtproduktion in der SBZ, erfüllen aber z. T. Reparationsverpflichtungen.

Die SAG werden von der SU nach u. nach der DDR übergeben, die letzten am 1. 1. 54.

30. Juni Auf Initiative der SED findet im **Land Sachsen** *ein* **Volksentscheid** *über die entschädigungslose Enteignung der gewerblichen Betriebe von aktiven Nationalsozialisten u. Kriegsverbrechern* statt. 93,7% aller Wahlberechtigten stimmen zu 77,6% *für,* nur 16,5% *gegen* die Konfiskation. Die Betriebe werden durch Sequesterkommissionen in *Volkseigentum* überführt.

Die Länder/Provinzen der SBZ folgen diesem Beispiel, *verzichten* aber auf Volksentscheide (Gesetze/Verordnungen vom 24. 7.–16. 8. 46). Die staatliche Leitung der Volkseigenen Betriebe (VEB) obliegt Industrieverwaltungen u. ihrer „Hauptverwaltung".

1947
4. Juni   Zur Einsetzung der **DWK** ↑II. 4. 6. 47.

9. Okt.   Die SMAD befiehlt „Maßnahmen zur Erhöhung der **Arbeitsproduktivität** u. zur weiteren Verbesserung der materiellen Lage der Arbeiter u. Angestellten der Industrie u. des Verkehrswesens". In allen Betrieben werden *„Arbeitsordnungen"* erlassen u. *Leistungsnormen"* (Leistungslöhne u. naturale Anreize) eingeführt; ihre Verletzung wird mit „Strafmaßnahmen" geahndet.

Der *FDGB* unterstützt diesen *„Aufbauplan"* im Kampf gegen die „Arbeitsbummelei" u. „Gleichmacherei" trotz des Widerstands der *Betriebsräte*. Sie werden daher schrittweise entmachtet u. durch *Betriebsgewerkschaftsleitungen* (BGL) ersetzt.

1948
17. Apr.   Mit der Bildung von **Vereinigungen Volkseigener Betriebe** (VVB) ist die *Enteignung privater Unternehmen der „NS- u. Kriegsverbrecher"* abgeschlossen (*„Sächsisches Modell"*). Alle Kommissionen für Sequestrierung und Beschlagnahme werden aufgelöst. Das Volkseigentum gilt als unantastbar, d. h. es darf weder an Privatpersonen noch an Organisationen verkauft oder übergeben werden. *„Verwaltungsräte"* aus Gewerkschaftsfunktionären u. Betriebsangehörigen beraten die alleinverantwortlichen u. verfügungsberechtigten *VVB-Direktoren*.

24.–28.   Anders als in den Westzonen bringt die **Währungsreform (DM-**
Juni   **Ost),** die von der SMAD für die SBZ u. ganz Berlin angeordnet worden war, *keine wesentliche Verbesserung des Lebensstandards*. Die Lebensmittelrationierung bleibt bestehen; das Versorgungsdefizit wird durch Naturallöhne, betriebliche Kompensationen (Tauschgeschäfte) u. den *Schwarzen* (Geld gegen Ware) oder *Grauen Markt* (Ware gegen Ware) ausgeglichen.

Um die Versorgungslage zu verbessern, wird im Okt./Nov. 48 die *Staatliche Handelsorganisation* (HO) gebildet. In diesen Einzelhandelsbetrieben können Waren u. Konsumgüter zu erhöhten Preisen bezugsschein-/lebensmittelkartenfrei gekauft werden.

30. Juni   Der Parteivorstand der SED verabschiedet den **ersten Zweijahresplan 49/50.** Die Industrieproduktion soll – verglichen mit 47 – um 35% u. die Arbeitsproduktivität um 30% steigen. – Die bei der DWK gebildete *Zentrale Kontrollkommission* (ZKK) u. *Landeskontrollkommissionen* dienen der Planerfüllung.

In der zentralistisch gesteuerten Planwirtschaft erhält der

FDGB die Aufgabe, dem volkseigenen Sektor der Volkswirtschaft zum Übergewicht zu verhelfen. Traditionelle gewerkschaftliche Funktionen treten zurück, die Betriebsräte werden abgeschafft *(Bitterfelder Konferenz des FDGB* am 25./26. 11. 48).

13. Okt. Nach dem Vorbild des sowjetischen Hauers *Stachanow* (1935) erfüllt der Bergmann **Hennecke (SED)** in Lugau/Oelsnitz eine *Hochleistungsschicht;* sie liegt 387% über der Norm.

Die von den Medien hochgespielte *Rekordleistung,* die gründlich vorbereitet u. organisiert worden war, macht Hennecke zum „Vorbild" der *Aktivistenbewegung.* Ihr Ziel ist der *„sozialistische Wettbewerb",* den Prämien fördern sollen *(„Qualitätsbrigaden").*

1949
29. März Die DWK ordnet an, *Arbeitsausschüsse für* **technische Arbeitsnormen** (TAN) zu schaffen; wenn sie nicht eingehalten werden, so ist das Leistungssoll nicht erfüllt u. die Arbeitsmoral verletzt. ↑V. 17. 6. 53

Bereits am 23. 9. 48 hatte die DWK die Verordnung über die Bestrafung von Verstößen gegen die Wirtschaft *(Wirtschaftsstrafverordnung)* erlassen.

IV. Berlin und Berlinkrise 1945–1949

1945
2. Mai **Kapitulation Berlins** *vor der Roten Armee. Hitler* hatte am 30. 4. 45 in der Reichskanzlei *Selbstmord* begangen.

19. Mai Der sowjetische Stadtkommandant *Bersarin* führt den von ihm eingesetzten **1. „antifaschistischen" Magistrat von Berlin** unter dem *parteilosen Oberbürgermeister* **Werner** in sein Amt ein. Die Schlüsselpositionen bekleiden *Kommunisten,* u. a. Arthur Pieck (Personal), Winzer (Volksbildung), Jendretzky (Arbeitseinsatz).

11. Juli Die **Alliierte Militärkommandantur** übernimmt die *Vier-Mächte-Kontrolle über die Verwaltung Berlins,* das in 4 Sektoren eingeteilt wird. ↑I. 5. 6. 45

Englische u. amerikanische Truppen waren bis 3./4. 7. 45 in Berlin eingerückt, nachdem sie die von ihnen eroberten, aber der SBZ zugeteilten thüringischen, sächsischen u. mecklenburgischen Gebiete geräumt hatten. Am 12. 8. 45 folgen französische Truppen.

Im *Londoner Protokoll* vom 12. 9. 44 hatten die Siegermächte vereinbart, Deutschland in Besatzungszonen aufzuteilen und Berlin als besonderes Gebiet gemeinsam zu besetzen und zu verwalten.

30. Nov. Der Kontrollrat bestätigt, daß alliierte Flugzeuge unbeschränkt **3 Luftkorridore** von Hamburg, von Bückeburg u. von Frankfurt a. M. *nach Berlin* benutzen können. Die westlichen Zugangsrechte zu Wasser u. zu Lande dagegen beruhen nicht auf schriftlichen Vereinbarungen, sondern auf – später umstrittenen – mündlichen Absprachen.

1946

31. März Bei einer **Urabstimmung der SPD-Mitglieder** *in West-Berlin* (im Ostsektor u. in der SBZ war sie verboten worden) votieren 82% der Abstimmenden *gegen* u. *12% für die Vereinigung mit der KPD;* doch befürworten sie mehrheitlich die Zusammenarbeit mit ihr.

Am 7. 4. 46 *lehnt die Berliner SPD* auf ihrem Bezirksparteitag unter der Führung Neumanns *die Fusion mit der KPD ab.* – Zur Gründung der SED ↑II. 21./22. 4. 46.

20. Okt. Unter alliierter Aufsicht finden die 1. u. bislang *letzten* **freien Wahlen** *zur Stadtverordnetenversammlung von Groß-Berlin* u. zu den Bezirksverordnetenversammlungen statt. Die SED erleidet eine Niederlage, denn sie erhält nur 19,8% der abgegebenen gültigen Stimmen, die SPD dagegen 48,7%, die CDU 22,2% u. die LDPD 9,3%. Zu den Wahlen in der SBZ ↑II. 20. 10. 46.

Der am 5. 12. 46 gewählte *Oberbürgermeister Ostrowski* (SPD) tritt am 17. 4. 47 wegen innerparteilicher Streitigkeiten zurück. Amtierender OB wird am 8. 5. 47 *Louise Schröder* (SPD).

1947

24. Juni Die *Stadtverordnetenversammlung von Groß-Berlin wählt* **Reuter** (SPD) gegen die SED-Stimmen *zum neuen Oberbürgermeister.* Wegen eines sowjetischen Vetos wird er in seinem Amt von der Alliierten Kommandantur am 12. 8. 47 *nicht bestätigt.*

1948

1. April Die **„kleine" Berlin-Blockade** beginnt: Sowjetische Inspektionen u. Behinderungen erschweren den westalliierten Militär-, später auch den zivilen Personen- u. Güterverkehr zu Lande u. zu Wasser.

16. Juni Die *SU stellt* – wie bereits seit 20. 3. im Kontrollrat – ihre Mitarbeit in der **Alliierten Militärkommandantur** *ein.* Die West-

mächte errichten daher am 21. 12. 48 eine eigene Kommandantur für Berlin (West). ↑I. 5. 6. 45 u. 20. 3. 48

23./24. Juni Der Versuch der SU, die *Währungsreform in der SBZ auf ganz Berlin zu erstrecken,* scheitert am Widerstand der Westmächte, die am 25. 6. in den Westsektoren die DM-West einführen. Die SU verhängt daraufhin eine **Großblockade** zu Lande u. zu Wasser über West-Berlin u. erklärt die Vier-Mächte-Verwaltung für „praktisch beendet". Die Personen-/Gütertransporte werden wegen „technischer Schwierigkeiten", die Strom-/Kohlenlieferungen wegen „Kohlemangels" eingestellt.

Am 26. 6. 48 beginnt die englisch-amerikanische *Luftbrücke,* die West-Berlin notdürftig mit Lebensmitteln u. Waren versorgt. Sie wird bis 30. 9. 49 aufrechterhalten.

14. Juli Die *SU bestreitet* das von den Westmächten in ihrer Note vom 6. 7. beanspruchte *Recht auf* **freien Zugang** *nach Berlin.* Sie besäßen dort keine eigenständigen Besatzungsbefugnisse, sie hätten die Abkommen von Jalta und Potsdam gebrochen, eine separate Währungsreform durchgeführt, obwohl Berlin zur SBZ gehöre, und sie erstrebten die Gründung eines westdt. Staates.

6. Sept. Die **Stadtverordnetenversammlung** (Mehrheitsparteien unter Suhr) *verlegt ihren Sitz vom Ostsektor nach West-Berlin,* da sie von SED-Anhängern gestört u. behindert, von der Polizei aber nicht geschützt worden war.

30. Nov. Eine von der SED einberufene *außerordentliche Stadtverordnetenversammlung erklärt den* **Magistrat** *für abgesetzt* u. wählt **Ebert** (SED) *zum Oberbürgermeister* (Ost). Er übt dieses Amt bis Juli 67 aus.

Der *bisherige Magistrat* läßt sich am 1. 12. 48 *in West-Berlin nieder:* zunächst in Charlottenburg, dann im Rathaus Schöneberg. Der amtierende **OB Friedensburg** (CDU) war im Ostsektor wiederholt politisch unter Druck gesetzt worden.

Am 4. 12. 48 wird die *Freie Universität (FU)* in West-Berlin gegründet.

5. Dez. Wegen sowjetischen Verbots finden die *Wahlen zur Stadtverordnetenversammlung* u. zu den Bezirksverordnetenversammlungen **nur in West-Berlin** statt – ohne Teilnahme der SED.

Zum *neuen Oberbürgermeister* (West) wird am 7. 12. 48 **Reuter** (SPD) gewählt.

1949

12. Mai **Ende der 1. Berlinkrise:** Die SU hebt, wie im *New Yorker Vier-Mächte-Abkommen* vom 4. 5. 49 vereinbart, *die Blockade West-Berlins auf.* Die Millionenstadt bleibt jedoch *geteilt,* auch ihr Versorgungs- u. größtenteils ihr Verkehrsnetz (ausgenommen U- u. S-Bahn, einige BVG-Linien).

ZWEITER TEIL

Die Ära Ulbricht
1949–1971

V. Konstituierung und Innenpolitik der DDR 1949–1955

1949

7. Okt.   Die **DDR wird gegründet,** indem die Provisorische Volkskammer (bisher 2. Deutscher Volksrat) die *Verfassung in Kraft setzt.* ↑VI. 7. 10. 49

10. Okt.   Die *SMAD,* die ihre Verwaltungsfunktionen an die DDR-Regierung überträgt, wird aufgelöst u. durch die **Sowjetische Kontrollkommission** (SKK) ersetzt. Sie soll gewährleisten, daß die Deutschland betreffenden Vereinbarungen der Anti-Hitler-Koalition eingehalten werden. – Vorsitzender der SKK wird *Tschuikow,* bisher Oberster Chef der SMAD. ↑II. 9. 6. 45

10. Okt.   Die 5 Landtage wählen die **Provisorische Länderkammer.**

11. Okt.   Die Provisorische Volkskammer u. die Provisorische Länderkammer wählen auf ihrer *1. gemeinsamen Tagung* einstimmig den SED-Vorsitzenden **Pieck** zum **Präsidenten der DDR.** Er erklärt in seiner Antrittsrede: „Wir stehen heute an der Wende der deutschen Geschichte." – Pieck bleibt Präsident der DDR bis zu seinem Tode am 7. 9. 60.

12. Okt.   Die Provisorische Volkskammer bestätigt die *Provisorische Regierung* der DDR. Sie besteht aus dem **Ministerpräsidenten Grotewohl,** den die SED als stärkste Fraktion benannt hatte, 3 Stellvertretern u. 14 Fachministern. ↑ Anhang III.

     Die Provisorische Regierung übernimmt das Personal u. die Rechte der DWK sowie der neben ihr noch bestehenden selbständigen Zentralverwaltungen für Inneres, Volksbildung u. Justiz. ↑II. 27. 7. 45 u. 4. 6. 47

1950

3. Febr.   Aus dem *erweiterten Präsidium des Deutschen Volksrats* entsteht der **Nationalrat der Nationalen Front.** Er verabschiedet am 15. 2. 50 das *Programm* der Nationalen Front. Sie kennt keine statutarisch festgelegte Mitgliedschaft, sondern will alle „Volkskräfte" in den Dienst des „Arbeiter-und-Bauern-Staates" stellen.

8. Febr.   Das **Ministerium für Staatssicherheit** (MfS) wird errichtet. Ihm obliegt v. a. die *innere Herrschaftssicherung.*

     Die im Okt. 49 gebildete *Zentrale Kommission für Staatliche Kontrolle* war aus der ZKK hervorgegangen u. wird 63 aufgelöst. ↑III. 30. 6. 48

20.–24. Der **III. Parteitag** bezeichnet die SED als *„Partei neuen Typus"*:
Juli   als „Partei der deutschen Arbeiterklasse, ihr bewußter u. organi-
        sierter Vortrupp", geleitet von der Theorie des Marxismus-
        Leninismus.

      Nach dem *neuen Parteistatut* heißt der Parteivorstand fortan
Zentralkomitee (ZK). Ein einheitliches Parteilehrjahr u. eine
Überprüfung aller Parteimitglieder *(„Säuberung")* werden be-
schlossen.

      Der Parteitag bestätigt *Pieck* u. *Grotewohl* als *Vorsitzende.*
Das neue ZK wählt auf seiner konstituierenden Sitzung am 25. 7.
50 *Ulbricht* in das neugeschaffene Amt des *Generalsekretärs.*

24. Aug. Im Rahmen der **1. Parteisäuberung** werden *ehemalige Westemigranten* wie *Merker* (bisher Politbüro-Mitglied), *Bauer, Kreike-
meyer, Ende* u. a. aus der SED unter dem Vorwand ausgeschlossen, sie hätten mit dem „US-Agenten" Field kollaboriert.

      Ähnliche Vorwürfe, bereits vorher gegen ungarische u. bulga-
rische KP-Führer (z. B. *Rajk, Kostoff)* erhoben, werden später
gegen den Generalsekretär der KPČ *Slansky* wiederholt; er wird
wegen „Verschwörung" mit Tito u. dem US-Geheimdienst im
Dez. 52 zum Tode verurteilt, jedoch nach Stalins Tod „rehabilitiert".

15. Okt. Bei den **Wahlen** zur 1. Volkskammer, zu den Landtagen, Kreista-
gen u. Gemeindevertretungen stellt die **Nationale Front** eine
*gemeinsame Kandidatenliste der Parteien u. Massenorganisatio-
nen* („Transmissionsriemen") auf. Die Sitze werden nach einem
Schlüssel verteilt, den der *Demokratische Block (vorher Antifa-
Block)* beschlossen hatte. – Proteste gegen die „Einheitswahlen"
gelten als *„Boykotthetze",* die hart bestraft wird (Fall des Ober-
schülers Flade).

      Die **Einheitsliste** u. nicht das von der Verfassung vorgeschrie-
bene allgemeine, gleiche, unmittelbare u. geheime Verhältnis-
wahlrecht bestimmt fortan die Wahlpraxis. Die Stimmabgabe ist
kein Akt alternativer Entscheidung, sondern eine solidarische,
öffentliche Vertrauenserklärung für alle Kandidaten der Nationalen Front. Da sie als moralische Verpflichtung gilt, ist eine
Akklamation von über 99% der Wahlberechtigten die Regel.

15. Nov. **2. Regierung Grotewohl.** ↑Anhang III.
1952

9.–12. Die **2. Parteikonferenz** *der SED* proklamiert den *„planmäßigen*
Juli   *Aufbau der Grundlagen des Sozialismus"* in der DDR. Die

„Verschärfung des Klassenkampfes" sei unvermeidlich u. erfordere die Überwindung bürgerlicher Ideologien. Zur Kollektivierung der Landwirtschaft ↑XI. 12. 7. 52 u. 14. 4. 60.

23. Juli Zur Auflösung der 5 **Länder** ↑VI. 23. 7. 52.
1953

28./29. Die *Sowjetische Kontrollkommission* (SKK) wird in die **Hohe**
Mai **Kommission** *der SU in Deutschland* umgewandelt, die Diplomatische Mission am 1. 10. 53 in eine Botschaft. 1. Hoher Kommissar wird Botschafter *Semjonow,* seit 45 politischer Berater der SMAD in Berlin.

9. Juni Das Politbüro der SED proklamiert den **„Neuen Kurs",** den der Ministerrat am 11. 6. 53 konkretisiert: Wegen „ernster Fehler" gegen „Interessen" der Einzelbauern, Einzelhändler, Handwerker u. Intelligenz werden Zwangsmaßnahmen (z. B. der Entzug von Lebensmittelkarten) u. Preissteigerungen weitgehend zurückgenommen, nicht jedoch die erhöhten Arbeitsnormen. Die Partei verspricht, die Konsumgüterproduktion auf Kosten der Schwerindustrie zu steigern, die Rechtssicherheit zu verbessern u. die gesamtdeutsche „Annäherung" zu fördern.

Hintergrund: Nach dem **Tode Stalins** am 5. 3. 53 („der größte Mensch unserer Epoche"), an dessen Stelle die *„Troika" Malenkow, Molotow u. Berija* getreten war, hatte im Zeichen des *„Tauwetters"* die *Ablösung Ulbrichts* gedroht. Die verunsicherte SED-Führung schwenkte daher nach Intervention des neuen sowjetischen Hohen Kommissars *Semjonow* auf einen flexibleren Kurs ein u. drosselte auch das Tempo der Sozialisierung.

17. Juni **Volksaufstand in der DDR.** Bauarbeiter in der Ost-Berliner Stalinallee beginnen am 16. 6. zu *streiken,* da der Ministerrat die am 28. 5. 53 beschlossene *Erhöhung der technischen Arbeitsnormen* (TAN) um mindestens 10% trotz des „neuen Kurses" aufrechterhalten hatte. Die Gewerkschaftszeitung „Tribüne" nennt sie am 16. 6. „in vollem Umfang richtig".

Streiks, Demonstrationen u. Unruhen greifen auf 272 Städte u. Ortschaften einschließlich Ost-Berlin über. Der proklamierte *Generalstreik* weitet sich spontan, obwohl die SED die Normenerhöhung zurücknimmt, zum *Volksaufstand* aus.

Zentren der Erhebung sind *Industriestädte* (u. a. Ost-Berlin, Jena, Halle, Erfurt, Gera, Leipzig, Dresden, Magdeburg, Rostock) u. *Großbetriebe* wie Bitterfeld, Leuna, Buna u. Hennigsdorf. Demonstranten u. Streikende erstreben zunächst *ökonomi-*

sche Zugeständnisse („Nieder mit den Normen!"), stellen dann
politische Forderungen: „Freie Wahlen!", „Nieder mit Ulbricht
u. Grotewohl", „Rücktritt der Regierung", „Freiheit den politischen Gefangenen", „Nationale Einheit". In Magdeburg, Halle
u. Merseburg übernehmen *Arbeiterkomitees* zeitweilig die
Macht.

Sowjetische Stadtkommandanten verhängen ab 13 Uhr in Ost-
Berlin u. in den Nachmittags- u. frühen Abendstunden in 167 von
217 Kreisen den *Ausnahmezustand u. das Kriegsrecht.* Demonstrationen u. Versammlungen jeder Art sind verboten. Sowjetische Truppen schlagen die Zentren des Aufstands mit Panzern,
Schützenwagen u. Mannschaftsfahrzeugen gewaltsam nieder.

Das ZK der SED verurteilt den Aufstand am 21. 6. als
„faschistische Provokation" von „Adenauer, Ollenhauer, Kaiser
u. Reuter", übt aber auch Selbstkritik. Justizminister *Fechner*
(SED), der die Verhaftung Oppositioneller u. Wortführer des 17.
Juni kritisiert u. das Streikrecht befürwortet hatte, wird am 15. 7.
53 abgesetzt u. verhaftet (Nachfolgerin: Benjamin, die „Rote
Hilde").

Heute wird der 17. Juni in der DDR als *„konterrevolutionärer
Putsch"* dargestellt.

23. Juli Der Ministerrat beschließt, das *Ministerium für Staatssicherheit*,
das den Volksaufstand vom 17. Juni nicht vorausgesehen hatte,
als *Staatssekretariat* in das Innenministerium einzugliedern. Der
bisherige Minister für Staatssicherheit *Zaisser* u. der Chefredak-
teur des Zentralorgans „Neues Deutschland" *Herrnstadt* werden
als *Gegner Ulbrichts* entmachtet **(„Zaisser-Herrnstadt-Frak-
tion").**

Am 24. 11. 55 wird das Staatssekretariat wieder in das *Ministerium für Staatssicherheit* (MfS) umgewandelt (Leiter wie bisher
Wollweber, seit 1. 11. 57 *Mielke*). Das „spezielle Machtorgan der
Diktatur des Proletariats" wird administrativ ausgebaut u. politisch aufgewertet.

24.–26. Die 15. ZK-Tagung der SED *bestätigt den* **„Neuen Kurs"** u. sein
Juli Hauptziel, den *Lebensstandard* zu heben u. die *politischen Ver-
hältnisse* zu verbessern. Die vorgesehenen Investitionen für die
Schwerindustrie werden vermindert, jene für die Konsumgüterproduktion u. Landwirtschaft erhöht. *Ulbricht* festigt seine Stellung u. wird einstimmig zum *1. Sekretär der SED* (bisher Generalsekretär) gewählt.

Am 24. 10. 53 senkt die Regierung die Preise für Lebens- u. Genußmittel.

1954

23. Jan. Als *Gegner Ulbrichts* werden **Zaisser u. Herrnstadt,** bereits vorher entmachtet (↑23. 7. 53), *aus der SED ausgeschlossen, Ackermann* aus dem ZK; *Jendretzky* u. *Elli Schmidt* werden als Sympathisanten gerügt. – Am 14. 5. 53 hatte *Ulbricht* bereits den „Westemigranten" **Dahlem** kaltgestellt, der eine strenge Rüge erhält u. keine Parteiämter bekleiden darf.

Es handelt sich um *Fraktionskämpfe* der kommunistischen Führungsspitze nach Stalins Tod, dem Aufstand vom 17. Juni u. der Entmachtung des sowjetischen Innenministers Berija (erschossen am 23. 12. 53). Es gelingt Ulbricht, seine Herrschaft trotz der „Entstalinisierung" im Ostblock zu festigen u. seine Rivalen auszubooten.

Auf der ZK-Tagung der SED vom 27.–29. 7. 56 werden *Dahlem* u. *Fechner* „rehabilitiert", die Parteistrafen gegen *Ackermann, Jendretzky* u. *Elli Schmidt* aufgehoben.

25. März Die SU erklärt die DDR für **souverän.** ↑VIII. 25. 3. 54

30. März Der **IV. Parteitag** *der SED* erschwert den Parteieintritt u.

–6. April proklamiert eine *„kollektive Führung".* Nach dem *geänderten Statut* ist die SED „die Partei der deutschen Arbeiterklasse, ihr bewußter u. organisierter Vortrupp. Sie vereinigt in ihren Reihen Angehörige der Arbeiterklasse, der werktätigen Bauernschaft u. der schaffenden Intelligenz. Die Partei läßt sich in ihrer gesamten Tätigkeit vom Marxismus-Leninismus leiten." (Präambel)

Nach den einstimmig verabschiedeten Grundsätzen „für die Lösung der Lebensfrage der deutschen Nation" kann Deutschland nur wiedervereinigt werden, „wenn die Deutschen selbst gemeinsam dafür kämpfen". Das „höchste Gebot" sei u. bleibe daher: *„Deutsche an einen Tisch!"*

17. Okt. An den **Wahlen** zur 2. Volkskammer, zu den Bezirkstagen u. zur Stadtverordnetenversammlung von Berlin beteiligen sich 98,4% der Wahlberechtigten; 99,5% bejahen die Einheitsliste der Nationalen Front.

Am 19. 11. 54 billigt die Volkskammer den *neuen Ministerrat* unter dem Vorsitzenden **Grotewohl** (SED). ↑Anhang III.

1955

14. Mai Die *DDR,* die am 25. 3. 54 von der SU für *souverän* erklärt worden war (↑VIII. 25. 3. 54), erhält im Rahmen des **Warschauer**

Pakts eine *multilaterale Bestandsgarantie* ↑XII. 14. 5. 55. – Zur *Hohen Kommission der SU* ↑VIII. 20. 9. 55.

Am 5. 5. 55 war die *BRepD* **souverän** u. am 9. 5. 55 *Mitglied der* **NATO** geworden; denn der revidierte *Deutschlandvertrag* vom 26. 5. 52 u. die *Pariser Verträge* vom 23. 10. 54 traten in Kraft.

VI. Verfassung, Staat und Recht

1949
7. Okt.   Die **1. Verfassung** der DDR als *„antifaschistisch-radikaldemokratische Republik"* ist eine gesamtdeutsche Kompromißverfassung. Sie orientiert sich nach dem Modell des *SED-Entwurfs* vom 14. 11. 46 am Vorbild der *Weimarer Reichsverfassung* (1919) u. der *sowjetischen Verfassung* (1936).

Nach den **„Grundlagen der Staatsgewalt"** (Art. 1–5) ist Deutschland eine „unteilbare demokratische Republik"; es gibt nur „eine deutsche Staatsangehörigkeit". Alle Staatsgewalt geht vom Volke aus; jeder Bürger hat das Recht u. die Pflicht zur Mitgestaltung (Gestaltungsrechte mit Pflichtenbindung). Berlin erhält den Status der Hauptstadt der DDR, obwohl die Verfassung im Ostsektor nicht gilt.

„Inhalt u. Grenzen der Staatsgewalt" (Art. 6–49) bestimmen die Bürgerrechte im Rahmen allgemeiner Gesetzesvorbehalte. Neben *persönliche Freiheits- u. Schutzrechte* (Art. 6–14) treten kollektive *soziale Rechte* (Art. 15: Schutz der Arbeitskraft u. Recht auf Arbeit, Art. 16: Recht auf Erholung, Urlaub, Kranken- u. Altersversorgung, Art. 17: Mitbestimmung in den Betrieben, Art. 18: leistungsgerechtes Arbeitsentgelt, gleicher Lohn bei gleicher Arbeit). Einrichtungsgarantien gelten für die Wirtschaftsordnung, das Eigentum u. seine Vergesellschaftung (Art. 19–29), für Familie u. Mutterschaft (Art. 30–33), Erziehung u. Bildung (Art. 34–40), Religion u. Religionsgemeinschaften (Art. 41–48). – Die Wirtschaftsordnung, ein Mischsystem aus Privat- u. Staatswirtschaft, ermächtigt zur „sozialistischen" Umgestaltung, z. B. durch Wirtschaftsplanung (Art. 21), Enteignung u. Vergesellschaftung (Art. 23–25, 27).

Der *„Aufbau der Staatsgewalt"* geht vom Prinzip der **Volksdemokratie u. Gewalteinheit** aus. Über die Rechtswirklichkeit u. die Rolle der SED sagt die Verfassung nichts.

Die **Volkskammer** (Art. 50–70) ist als Volksvertretung das *höchste Organ* der Republik. Sie bestimmt die Grundsätze der Regierungspolitik u. der Verwaltung u. ist für ihre Überwachung zuständig; sie bestätigt u. beruft die Regierung ab; sie verabschiedet u. a. Gesetze, Staatshaushalt, Wirtschaftsplan u. stimmt Staatsverträgen zu; sie erläßt Amnestien, wählt den Präsidenten der Republik (zusammen mit der Länderkammer), die Mitglieder des Obersten Gerichtshofes sowie den Obersten Staatsanwalt; sie entscheidet über die Verfassungswidrigkeit von Gesetzen, Regierungs- u. Verwaltungsmaßnahmen. – Die Abgeordneten werden in allgemeiner, gleicher, direkter u. geheimer Wahl nach den Grundsätzen des Verhältniswahlrechts für 4 Jahre gewählt; die *praktizierte, verfassungsrechtlich nicht verankerte Einheitsliste* sichert das von der SED geführte Blocksystem.

Die **Länderkammer** (Art. 71–80) vertritt die Länder; die Abgeordneten werden von den Landtagen nach dem Blocksystem in der Regel aus ihrer Mitte gewählt. Die Länderkammer kann Gesetzentwürfe bei der Volkskammer einbringen u. gegen Gesetzbeschlüsse aufschiebend Einspruch einlegen.

Die **Gesetzgebung**(Art. 81–90) obliegt der Volkskammer (repräsentativ) oder dem Volk durch Volksentscheid (plebiszitär). Der Einspruch der Länderkammer gegen Gesetzbeschlüsse wird hinfällig, wenn die Volkskammer ihre Entscheidung aufrechterhält, falls erforderlich mit ⅔-Mehrheit (z. B. bei Verfassungsänderungen). Gesetze dürfen nicht richterlich auf ihre Verfassungsmäßigkeit überprüft werden.

Die **Regierung der Republik** (Art. 91–100) fungiert als Ausschuß der Volkskammer (Versammlungsregierung): Sie bestätigt den von der stärksten Fraktion benannten Ministerpräsidenten u. die nach dem Blocksystem von den Fraktionen gestellten Minister. Die Regierung u. jeder Minister bedürfen des Vertrauens der Volkskammer; sie kann es ihr insgesamt oder jedem einzelnen Regierungsmitglied entziehen.

Der **Präsident der Republik** (Art. 101–108) wird in gemeinsamer Sitzung von Volks- u. Länderkammer gewählt; er kann von ihnen mit ⅔-Mehrheit der gesetzlichen Zahl der Abgeordneten abberufen werden. Er verkündet die Gesetze, verpflichtet die Regierungsmitglieder beim Amtsantritt, vertritt die DDR völkerrechtlich, schließt Staatsverträge ab, beglaubigt u. empfängt die Botschafter u. übt das Begnadigungsrecht aus.

Im Verhältnis zwischen *„Republik u. Ländern"* (Art. 109–116) gilt das Prinzip des **dezentralisierten Einheitsstaates.** Die wesentlichen Gesetzgebungskompetenzen sind der Republik vorbehalten; ihre Gesetze führen in der Regel die Organe der Länder aus.

Die **Verwaltung der Republik** (Art. 117–125) obliegt in der Regel der Republik. Sie verwaltet das Post-, Fernmelde-, Rundfunk-, Eisenbahnwesen, die Wasser- u. Fernverkehrsstraßen; ihr steht die Abgabenhoheit u. eine eigene Abgabenverwaltung zu.

Die **Rechtspflege** (Art. 126–138) ist der gewaltenvereinenden Volkskammer untergeordnet. Die von ihr gewählten Richter des Obersten Gerichtshofes u. der Oberste Staatsanwalt können von ihr abberufen werden, wenn sie gegen die Verfassung u. die Gesetze verstoßen oder ihre Pflichten gröblich verletzen. Die Kontrolle durch die Volksvertretungen u. Verwaltungsgerichte sollen vor rechtswidrigen Verwaltungsmaßnahmen schützen. ↑4. 4. 63

Die **Selbstverwaltung** (Art. 139–143) steht den Gemeinden u. Gemeindeverbänden unter Gesetzesvorbehalt zu.

Nach den **Übergangs- u. Schlußbestimmungen** (Art. 144) sind alle Verfassungsbestimmungen unmittelbar geltendes Recht.

7. Dez. Die Volkskammer verabschiedet das *Gesetz über die Errichtung des* **Obersten Gerichts** *u. der* **Obersten Staatsanwaltschaft** der DDR. Das Oberste Gericht ist die 1. u. letzte Instanz bei Straftaten von „überragender Bedeutung" u. Kassationsgericht. Es gewährleistet die einheitliche Rechtsprechung. – Die Oberste Staatsanwaltschaft nach dem Vorbild der sowjetischen Prokuratur wird *selbständiges* Organ der Justiz. Der Generalstaatsanwalt erhebt Anklage bei politisch besonders bedeutsamen Strafsachen vor dem Obersten Gericht u. beantragt die Kassation rechtskräftiger Entscheidungen.

1950

15. Dez. Das *Gesetz zum* **Schutze des Friedens** bedroht Völker-, Revanche-, Rassen- u. Kriegshetze mit strengen Strafen. Es richtet sich auch gegen „Feinde des Friedens", d. h. die innere Opposition.

1952

23. Mai Nach dem **Gesetz über die Regierung** besteht die Regierung der DDR aus dem Ministerpräsidenten, 6 Stellvertretern u. 18 Ministern. Die *Staatliche Plankommission* wird dem Ministerpräsidenten direkt unterstellt, ihm beigeordnet die *Zentrale Kommission für Staatliche Kontrolle.*

23. Juli Das *Gesetz über die weitere Demokratisierung des Aufbaus u. der Arbeitsweise der staatlichen Organe in den Ländern* **(Demokratisierungsgesetz)** wandelt die bisher *dezentralisierte* DDR in einen *zentralistischen Einheitsstaat* um. Nach dem marxistisch-leninistischen Prinzip des demokratischen Zentralismus u. nach administrativen-ökonomischen Zielsetzungen treten an die Stelle der *5 Länder* (Brandenburg, Sachsen, Thüringen, Sachsen-Anhalt, Mecklenburg) *14 Bezirke* (in Brandenburg: Potsdam, Frankfurt/ Oder u. Cottbus; in Sachsen: Dresden, Leipzig u. Karl-Marx-Stadt bis 5. 5. 53 Chemnitz; in Thüringen: Erfurt, Gera u. Suhl; in Sachsen-Anhalt: Halle u. Magdeburg; in Mecklenburg: Schwerin, Rostock u. Neubrandenburg) u. *217 Kreise.* Die *neugebildeten Bezirkstage* u. *-räte* erhalten nach dieser politisch-territorialen Neugliederung die Funktionen der bisherigen Landtage u. Landesregierungen. Es entsteht je 1 Bezirks- u. je 1 Kreisgericht.

Die *Länderkammer,* zunächst noch von den Bezirkstagen gewählt, wird durch Gesetz vom 8. 12. 58 *aufgelöst.*

Kurz nach dem Bau der „*Mauer*" vom 13. 8. 61 erhält die „*Hauptstadt Berlin*" *(Ost)* die Funktion eines *15. Bezirks.* ↑X. 13. 8. 61

1954

25. März Die SU erklärt die *DDR für* **souverän.** ↑VIII. 25. 3. 54

16. Nov. Nach dem *Gesetz über den* **Ministerrat** ist die Regierung das „höchste vollziehende u. verfügende Organ der Staatsgewalt". Es erhält *zentrale Planungs-, Wirtschafts-, Verwaltungs- u. Kontrollfunktionen* sowie die Befugnis, *Recht durch Verordnungen* zu setzen. Es gilt das *Kollegialprinzip,* d. h. alle Mitglieder sind für die gesamte Regierungsarbeit verantwortlich.

19. Nov. Die *Geschäftsordnung der Volkskammer* führt an Stelle des *freien* das **imperative Mandat** ein: Die Abgeordneten des „obersten staatlichen Machtorgans sozialistischen Typus" sind an Wähleraufträge gebunden u. insoweit rechenschaftspflichtig.

1957

17. Jan. Das *Gesetz über die* **örtlichen Organe** *der Staatsmacht* geht von dem Prinzip aus, daß die *einheitliche staatliche Zentralgewalt* partikulare Kompetenzen an *lokale Volksvertretungen* (z. B. Bezirkstage, Stadtverordnetenversammlungen, Kreistage, Gemeindevertretungen) u. ihre *Verwaltungsorgane* (Räte) in Bezirken, Kreisen u. Gemeinden delegiert. An die Stelle sich selbst verwaltender Gebietskörperschaften treten örtliche Verwal-

tungseinheiten. (Neugefaßt als Gesetz über die örtlichen Volksvertretungen vom 12. 7. 73.)

11. Dez.   Das **Strafrechtsergänzungsgesetz** führt *neue Strafarten* (bedingte Verurteilung ohne Freiheitsentzug, öffentlichen Tadel als gesellschaftliche Mißbilligung) ein u. faßt die Tatbestände bei Verbrechen gegen den Staat (z. B. Staatsverrat, Spionage, Diversion, Republikflucht) u. das sozialistische Eigentum neu.

      Das *geänderte Paßgesetz* vom gleichen Tage stellt das nichtgenehmigte Verlassen u. Betreten der DDR („Abwerbung", „Menschenhandel") unter Strafe.

1959

1. Okt.   Nach dem **Richterwahlgesetz** werden die Richter der Bezirks- u. Kreisgerichte *nicht mehr* vom Justizministerium *ernannt,* sondern von den örtlichen Volksvertretungen für die Dauer von 3 Jahren *gewählt.* Bei Pflichtverletzungen können sie *abberufen* werden.

1960

10. Febr.   Zur Bildung des **Nationalen Verteidigungsrats** ↑XII. 10. 2. 60.

12. Sept.   Das *Gesetz über die Bildung des* **Staatsrates** ersetzt nach dem Tode Piecks am 7. 9. 60 den Präsidenten der Republik durch ein *kollektives Staatsoberhaupt,* das von der Volkskammer für 4 Jahre gewählt wird. Es erhält neben den bisherigen Präsidialfunktionen bislang der Volkskammer vorbehaltene Kompetenzen: So legt der Staatsrat die Gesetze verbindlich aus, er faßt Beschlüsse mit Gesetzeskraft, erklärt den Verteidigungszustand, er beruft die Mitglieder des Nationalen Verteidigungsrates u. bestätigt dessen grundsätzliche Anordnungen. Damit konzentrieren sich beim Staatsrat (Vorsitzender Ulbricht) *weitgehend die exekutiven, legislativen u. judikativen Rechte* der Staatsgewalt. Zur Zusammensetzung des 1. Staatsrates ↑Anhang II.

1963

4. April   Ein Erlaß des Staatsrats *„demokratisiert" die* **Justiz,** um die sozialistische Rechtsordnung zu festigen. *Ehrenamtliche Kräfte* sind verstärkt an der Rechtsprechung zu beteiligen; alle kandidierenden *Richter u. Schöffen,* die sich in allgemeinen Wahlversammlungen vorstellen, werden von Volksvertretungen gewählt (Bezirks- u. Kreistage, manche Schöffen in Versammlungen der Werktätigen); *Konflikt- u. Schiedskommissionen* wirken als gesellschaftliche Organe der Rechtspflege neben den Gerichten.

      Die in der Verfassung vorgesehenen u. in 3 Ländern zunächst eingeführten *Verwaltungsgerichte* waren *abgeschafft* worden;

denn sie galten als unvereinbar mit dem Prinzip der Volkssouveränität.

1964
1. Sept.   Die Volkskammer beschließt ein Gesetz, wonach in der DDR **Nazi- u. Kriegsverbrechen** grundsätzlich *nicht verjähren*.

1967
20. Febr.   Mit dem *Gesetz über die* **Staatsbürgerschaft** führt die DDR eine *eigene Staatsangehörigkeit* ein. Sie wird durch Abstammung (Eltern/Elternteil), Geburt auf dem Territorium der DDR oder Verleihung erworben; sie geht durch Entlassung (auf Antrag), Widerruf der Verleihung (Revokation) oder Aberkennung (Ausbürgerung im Ausland wegen „grober Verletzung der staatsbürgerlichen Pflichten") verloren. Die Staatsbürgerschaft soll die Souveränität der DDR unterstreichen u. sie von der BRepD abgrenzen.

1968
12. Jan.   Das **Strafgesetzbuch** u. die **Strafprozeßordnung** kodifizieren das *sozialistische Strafrecht*, das v. a. die Staats- u. Gesellschaftsordnung schützen soll. Es unterscheidet zwischen *Straftaten* (Verbrechen u. Vergehen) sowie *Verfehlungen*. Neben Freiheitsstrafen gibt es Strafen ohne Freiheitsentzug, Beratungen u. Erziehungsmaßnahmen.

Verabschiedet werden zugleich die Gesetze zur *Bekämpfung von Ordnungswidrigkeiten* u. über den *Vollzug der Strafen mit Freiheitsentzug* sowie über die *Wiedereingliederung Strafentlassener* in das gesellschaftliche Leben.

6. April   In einem Volksentscheid billigen 94,5% der abgegebenen Stimmen (Wahlbeteiligung 98%) die **neue DDR-Verfassung**.

Diese *2. Verfassung* der DDR als **„sozialistischer Staat deutscher Nation"** sollte – anders als die 1. vom ↑7. 10. 49 – nicht nur für eine Übergangszeit gelten, sondern das *Grundgesetz der sozialistischen Ordnung* sein.

Nach den **„Grundlagen** *der sozialistischen Gesellschafts- u. Staatsordnung"* (Art. 1–18) ist die DDR als „sozialistischer Staat deutscher Nation" die „politische Organisation der Werktätigen in Stadt u. Land, die gemeinsam unter Führung der Arbeiterklasse u. ihrer marxistisch-leninistischen Partei den Sozialismus verwirklichen". Als *unantastbar* gelten das Bündnis der Arbeiter mit den Genossenschaftsbauern, mit der Intelligenz u. mit den anderen Volksschichten, das sozialistische Eigentum an Produktionsmitteln, die Planung u. Leitung der gesellschaftlichen Entwicklung. Die „Nationale Front" gewährleistet das Bündnis aller Volkskräfte. – Die DDR erstrebt u. a. Freundschaft mit der SU u. den anderen sozialistischen Staaten, ein System kollektiver Sicherheit u. eine stabile Friedensordnung sowie „die Überwindung der vom Imperialismus der deutschen Nation aufgezwungenen Spaltung Deutschlands, die schrittweise Annäherung der beiden deutschen Staaten bis zu ihrer Vereinigung auf der Grundlage der Demokratie u. des Sozialismus". Damit sind *erstmals* die Führungsrolle der SED u. ihre Weltanschauung verfassungsrechtlich festgeschrieben, ferner das Bündnis mit der SU sowie die Bindung an die – nicht mehr pluralistisch gesehene – „sozialistische Gemeinschaft" mit ihren Produktions- u. Eigentumsverhältnissen, denen auch Wissenschaft u. Forschung zu dienen haben.

„**Grundrechte u. Grundpflichten der Bürger**" (Art. 19–40) gelten als Einheit u. „sozialistische Persönlichkeitsrechte": Sie verbürgen nicht die individuell-private Freiheit **vom** Staat („bürgerliche" subjektive öffentliche Rechte), sondern bestimmen die gesellschaftlich-politische Freiheit **im** Staat („sozialistische" Rechte aktiver Staatsbürger). Ausgehend von der Prämisse, daß persönliche u. gesellschaftliche Interessen miteinander übereinstimmen, ist somit jeder Bürger berechtigt u. verpflichtet, das politische, wirtschaftliche, soziale u. kulturelle Leben der „sozialistischen Gemeinschaft" u. des sozialistischen Staates mitzubestimmen u. mitzugestalten. Es gilt der Grundsatz: „Arbeite mit, plane mit, regiere mit!" (Art. 21) Demgemäß haben die *konkretisierten Rechte* (z. B. auf aktive u. passive Wahl ab 18. Lebensjahr, auf Arbeit, auf Bildung u. Beruf, auf Freizeit, Erholung u. Wohnung, auf Schutz der Gesundheit, der Familie u. Mutterschaft, auf Fürsorge im Alter u. bei Invalidität), aber auch die *Freiheiten nach den Grundsätzen der Verfassung* (z. B. der Meinung u. Presse, der Versammlung u. Vereinigung sowie der Religion) *Verpflichtungscharakter*.

Eingebunden in die sozialistische Gesellschaft sind die *Gemeinschaften:* die „eigenverantwortlichen" Betriebe, Städte, Gemeinden u. Gemeindeverbände (Art. 41–43), die Gewerkschaften im FDGB als „Klassenorganisation" (Art. 44–45) u. die landwirtschaftlichen Produktionsgenossenschaften als freiwillige Vereinigung der Bauern (Art. 46).

Das *Regierungssystem* („Aufbau u. System der staatlichen Leitung") richtet sich nach den verfassungsrechtlich verankerten „Zielen u. Aufgaben der Staatsmacht", die nach dem Prinzip des *„demokratischen Zentralismus"* aufgebaut ist.

Die **Volkskammer** (Art. 48–65) ist *„das oberste staatliche Machtorgan"*, dessen Rechte niemand einschränken kann. Sie allein beschließt die Gesetze u. führt sie auch aus („Einheit von Beschlußfassung u. Durchführung"); sie wählt den Staatsrat, den Ministerrat, den Vorsitzenden des Nationalen Verteidigungsrats, das Oberste Gericht u. den Generalstaatsanwalt, bestimmt die Grundsätze ihrer Tätigkeit u. kann sie jederzeit abberufen; sie bestätigt u. kündigt Staatsverträge; sie kann Volksabstimmungen beschließen u. sich selbst auflösen. Die Abgeordneten (500), die alle 4 Jahre direkt vom Volk, in Ost-Berlin indirekt von der Stadtverordnetenversammlung (seit 14. 6. 81 ebenfalls direkt; ↑XVII. 28. 6. 79) gewählt werden, können von den Wählern bei groben Pflichtverletzungen abberufen werden (imperatives Mandat). – Faktisch ist die Volkskammer – anders als in der Verfassungstheorie – ein machtloses u. relativ arbeitsloses Organ, das nur selten u. kurz zusammentritt.

Der **Staatsrat** (Art. 66–77), der von der Volkskammer gewählt wird u. ihr „als Organ" verantwortlich ist, übt die Funktionen eines *kollektiven Staatsoberhaupts* aus: Es repräsentiert die DDR völkerrechtlich u. ratifiziert Staatsverträge, es ernennt u. akkreditiert die Diplomaten, es stiftet Orden u. es übt das Begnadigungsrecht aus; darüber hinaus vertritt der Staatsrat die Volkskammer zwischen ihren Tagungen in legislativer, exekutiver u. judikativer Hinsicht: Er behandelt die Vorlagen an die Volkskammer, beruft ihre Tagungen ein u. schreibt die Wahlen zu allen Volksvertretungen aus; er regelt „grundsätzliche Aufgaben" durch rechtsverbindliche Erlasse u. entscheidet über Grundsatzfragen der Landesverteidigung, die er mit Hilfe des Nationalen Verteidigungsrats organisiert; er legt die Verfassung u. die Gesetze verbindlich aus u. beaufsichtigt die Tätigkeit des Obersten Gerichts u. des Generalstaatsanwalts.

Der **Ministerrat** (Art. 78–80) führt als kollektiv arbeitendes Organ Gesetze u. Erlasse aus u. erläßt rechtsverbindliche Verordnungen; er leitet, koordiniert u. kontrolliert die Ministerien u. Räte der Bezirke; er ist für die Planwirtschaft zuständig sowie für den Abschluß völkerrechtlicher Verträge. Der Vorsitzende des

Ministerrates wird vom Staatsratsvorsitzenden vorgeschlagen u.
mit den Ministern von der Volkskammer nach dem Blocksystem
für 4 Jahre gewählt; alle Mitglieder sind für die Tätigkeit des
Ministerrats verantwortlich u. rechenschaftspflichtig.

Die *örtlichen Volksvertretungen* (Art. 81–85) sind die „gewählten Organe der Staatsmacht" in Bezirken, Kreisen, Städten,
Stadtbezirken, Gemeinden u. Gemeindeverbänden; sie wählen
Räte u. Kommissionen als ausführende u. kontrollierende Organe.

Die **sozialistische Gesetzlichkeit u. Rechtspflege** (Art. 86–106)
dienen dem Schutz u. der Entwicklung der DDR sowie ihrer
Staats- u. Gesellschaftsordnung. Das höchste Organ der Rechtsprechung ist das Oberste Gericht, das der Volkskammer bzw.
dem Staatsrat verantwortlich ist. Alle Richter, Schöffen u. Mitglieder gesellschaftlicher Gerichte werden gewählt u. sind abbe-
rufbar; Richter haben „dem Volk u. seinem sozialistischen Staat
treu ergeben" zu sein. Die sozialistische Gesellschafts- u. Staatsordnung sowie die Rechte der Bürger sichert die Staatsanwaltschaft, die der Generalstaatsanwalt leitet. Jeder Bürger kann
Eingaben machen; für Beschwerden gegen oberste Organe ist der
Ministerrat bzw. Staatsrat zuständig.

Nach den *Schlußbestimmungen* (Art. 107–108) ist die Verfassung unmittelbar geltendes Recht; sie kann nur von der Volkskammer durch Gesetz geändert oder ergänzt werden.

VII. SED-, Regierungs- und Innenpolitik 1956–1971

1956
24.–30. Die **3. Parteikonferenz** *der SED* verabschiedet die Direktiven für
März   den 2. Fünfjahrplan; er soll den „sozialistischen Produktionsver-
hältnissen" zum Sieg verhelfen, die Mittelschichten verstärkt am
„sozialistischen Aufbau" beteiligen u. die DDR fest im „sozsiali-
stischen Lager" verankern. ↑XI. 9. 1. 58

Chruschtschow hatte auf dem XX. Parteitag der KPdSU vom
14.–25. 2. 56 heftig *Stalin* angegriffen. Daher regt sich auch in der
SED „*Selbstkritik*" (Schirdewan, Bredel), doch werden „Angrif-
fe" gegen Ulbricht zurückgewiesen. Er hatte bereits im „ND"
vom 4. 3. 56 festgestellt, daß Stalin nicht zu den „Klassikern des
Marxismus" gehöre u. sich vom „Persönlichkeitskult" distanziert.

1957

7.–9.   Die „**Harich/Janka-Gruppe**" (Für den Marxismus-Leninismus,
März   aber gegen Stalinismus) wird zu *Zuchthausstrafen* verurteilt.
        Harich, Philosophie-Professor in Ost-Berlin, u. *Janka,* Leiter
        des Aufbau-Verlags, waren bereits Ende 56 wegen „**Revisionis-
        mus**" verhaftet worden; als seine Keimzellen gelten akademische
        Zirkel u. a. um *Bloch* (seit 13. 8. 61 in Tübingen) u. *Kantorowicz,*
        der am 22. 8. 57 nach West-Berlin flüchtet. – Harich wird am 18.
        12. 64 vorzeitig aus der Haft entlassen.

1958

6. Febr.   Die *2. innerparteiliche Opposition gegen Ulbricht,* die „*opportuni-
        stisch-fraktionelle* **Schirdewan-Gruppe**", wird entmachtet. Ka-
        derchef *Schirdewan,* der Minister für Staatssicherheit *Wollweber*
        u. der Chefideologe *Oelßner* verlieren ihre Ämter, bleiben
        jedoch SED-Mitglieder, da sie Selbstkritik üben. Bei den Nach-
        wahlen wird u. a. Honecker Mitglied des ZK-Sekretariats der
        SED.

10.–16.   Der **V. Parteitag** *der SED* soll die Endphase des *Übergangs vom*
Juli   *Kapitalismus zum Sozialismus* einleiten. Ulbricht, der jede Op-
        position ausgeschaltet hat, schlägt erneut vor, eine *Konfödera-
        tion* zwischen beiden deutschen Staaten zu bilden. „*Ökonomische
        Hauptaufgabe*" wird, den Pro-Kopf-Verbrauch der BRepD bei
        allen wichtigen Konsumgütern „zu erreichen u. zu übertreffen";
        die von Ulbricht verkündeten *„10 Gebote der sozialistischen
        Moral"* sollen den „Arbeiter-und-Bauern-Staat" festigen u. die
        Produktion steigern helfen („Der Sozialismus siegt!") ↑XI.
        1. 10. 59

16. Nov.   Bei den **Wahlen** zur 3. Volkskammer, zu den Bezirkstagen u. zur
        Stadtverordnetenversammlung   von   Ost-Berlin   bestätigen
        99,87% der abgegebenen Stimmen die *Einheitsliste* der Nationa-
        len Front bei einer Wahlbeteiligung von 98,89%. Die Nationale
        Front hatte als Losung ausgegeben: „*Plane mit, arbeite mit,
        regiere mit!*"
        Am 8. 12. 58 stellt **Grotewohl** seine *neue Regierung* vor.
        ↑Anhang III.

1959

1. Okt.   Die Volkskammer ändert die **Staatsflagge:** *Hammer u. Zirkel im
        Ährenkranz* werden als *Emblem der Arbeiter-u.-Bauern-Macht*
        Bestandteil der schwarzrotgoldenen Fahne. Sie soll die staatliche
        Eigenständigkeit der DDR symbolisieren u. sie von der BRepD

mit ihrem „Alleinvertretungsanspruch" abgrenzen. („Spalter-
flagge")

1960

7. Sept.   **Tod Piecks,** Präsident der Republik. Zur *Bildung des* **Staatsrats**
↑VI. 12. 9. 60, zur Zusammensetzung ↑Anhang II.

1961

13. Aug.   Mit Rückendeckung des Warschauer Pakts beginnt die DDR eine
„Mauer" *entlang den* **Westsektoren Berlins** zu bauen u. die
Grenze zur BRepD abzusichern. Diese Sperr- u. Kontrollmaß-
nahmen sollen „dem Treiben der westdeutschen Revanchisten u.
Militaristen einen Riegel" vorschieben, die „systematische Bür-
gerkriegsvorbereitung durch die Adenauer-Regierung", „feindliche Hetze", „Abwerbung", „Menschenhandel" u. „Diversions-
tätigkeit" durchkreuzen.

Der *„Mauerbau"* unterbindet den stetig steigenden *Flücht-
lingsstrom nach West-Berlin* u. leitet im *Inneren* die politische u.
wirtschaftliche *Konsolidierung der DDR* ein. *Nach außen* erstrebt
sie Gleichberechtigung mit der BRepD durch Anerkennung ihrer
Souveränität u. Grenzen.

Die Gegenmaßnahmen der westlichen Alliierten beschränken
sich auf verbale Proteste, doch bekräftigen die USA ihre Sicher-
heitsgarantien für West-Berlin. Die Hinnahme des Status quo
minus durch den *US-Präsidenten Kennedy* (seit 20. 1. 61) führt
langfristig zu einer *Neuorientierung* der Deutschland- u. Ostpolitik in der *oppositionellen SPD:* zuerst um den West-Berliner
Regierenden Bürgermeister *Brandt* und seinen Pressesprecher
Bahr (Tutzinger Formel vom 15. 7. 63: „Wandel durch Annäherung"), dann durch den stellvertretenden Fraktionsvorsitzenden
Schmidt (Grundsatzrede auf dem *Dortmunder Parteitag* am 3. 6.
66 über die „sich ändernden weltpolitischen Bedingungen").

1963

15.–21.   Der **VI. Parteitag der SED** erklärt den *„umfassenden Aufbau des*
Jan.   *Sozialismus"* zur Hauptaufgabe. Da die Übergangsperiode vom
Kapitalismus zum Sozialismus abgeschlossen sei, gehe es nun
darum, den *„entwickelten Sozialismus"* zu schaffen. Die Partei
gibt sich *ein Programm u. ein neues Parteistatut.* Ulbricht, auf
dem Höhepunkt seiner Macht erneut zum 1. Sekretär des ZK
gewählt, fordert eine *Wirtschaftsreform* u. initiiert damit das
„Neue Ökonomische System der Planung u. Leitung" (NÖS).
↑XI. 25. 6. 63

Das einstimmig verabschiedete **Parteiprogramm,** das 1. seit den überholten „Grundsätzen u. Zielen" (1946), orientiert sich am Programm, das die KPdSU auf ihrem XXII. Parteitag (17.–31. 10. 61) beschlossen hatte. Der Sozialismus wird als Durchgangsstadium angesehen, das auf der Basis des höchsten Standes von Wissenschaft u. Technik zum Kommunismus als „Zukunft der Menschheit" überleitet.

Nach ihrem *4. Statut* ist die SED als Staatspartei die „Partei des Sozialismus, die Partei der Arbeiterklasse u. des ganzen werktätigen Volkes, die Partei des Friedens, der nationalen Würde u. nationalen Einheit".

20. Okt. **Wahlen** zur 4. Volkskammer, zu den Bezirkstagen u. zur Ost-Berliner Stadtverordnetenversammlung. Bei einer Wahlbeteiligung von 99,25% entfallen 99,95% der gültigen Stimmen auf den *Wahlvorschlag der Nationalen Front.*

Die Volkskammer wählt am 13./14. 11. 63 **Ulbricht** zum Vorsitzenden des Staatsrats (Zusammensetzung ↑Anhang II.) u. des Nationalen Verteidigungsrats. Sie bestätigt **Grotewohl** als Vorsitzenden des Ministerrats.

Nach dem *Tode Grotewohls* am 21. 9. 64 bestellt die Volkskammer am 24. 9. **Stoph** zum neuen Vorsitzenden des Ministerrats.

1967

20. Febr. Die DDR führt eine **eigene Staatsangehörigkeit** ein. ↑VI. 20. 2. 67

17.–22. April Der **VII. Parteitag der SED** beschließt, den Sozialismus in der DDR als „entwickeltes gesellschaftliches System" in einem „einheitlichen sozialen Organismus" aufzubauen. Er kündigt eine neue sozialistische Verfassung an u. entwirft Direktiven für den Fünfjahrplan 66–70. ↑XI. 27. 5. 67

Nach Ulbricht ist der *Sozialismus* keine kurze Übergangsphase zum Kommunismus, sondern „eine relativ selbständige sozialökonomische Formation in der historischen Epoche des Übergangs vom Kapitalismus zum Kommunismus im Weltmaßstab".

2. Juli Die **5. Volkskammer** u. die Bezirkstage werden *gewählt.* Bei einer Wahlbeteiligung von 98,82% stimmen 99,93% für die *Einheitsliste der Nationalen Front.*

Die Volkskammer wählt am 13./14. 7. **Ulbricht** zum Vorsitzenden des Staatsrats (Zusammensetzung ↑Anhang II.) u. des Nationalen Verteidigungsrats. Sie bestätigt **Stoph** als Vorsitzenden des Ministerrats. ↑Anhang III.

1968

31. Jan.   Ulbricht legt der Volkskammer den *Entwurf einer neuen sozialistischen Verfassung* vor, den eine am 1. 12. 67 eingesetzte Volkskammerkommission unter seinem Vorsitz erarbeitet hatte. Das Parlament unterbreitet dem Volk den **Verfassungsentwurf** „zur umfassenden Aussprache".

Zahlreiche *Änderungsvorschläge,* die aus der Bevölkerung (z. B. Versammlungen, Wettbewerbe) eingehen, berücksichtigt die Volkskammerkommission in redaktioneller, aber nur ausnahmsweise in inhaltlich-substantieller Hinsicht. ↑VI. 6. 4. 68

Auf dem VII. Parteitag der SED (↑17.–22. 4. 67) hatte Ulbricht bemängelt, daß die Verfassung der „antifaschistischdemokratischen Ordnung" nicht mehr dem „gegenwärtigen Stand der historischen Entwicklung" entspreche.

1969

10. Juni   Der **Bund der Evangelischen Kirchen** in der DDR entsteht. Damit endet – wie von der SED gefordert – die bislang bestehende juristische u. organisatorische Einheit mit der *Evangelischen Kirche in Deutschland* (EKD).

1971

3. Mai   **Ende der Ära Ulbricht:** Honecker wird 1. Sekretär des ZK der SED. ↑XIV. 3. 5. 71

VIII. Außenpolitik bis zur internationalen Anerkennung
1949–1973

1949

15. Okt.   Die **SU** nimmt als *1. Staat* **diplomatische Beziehungen** zur DDR auf. Wenig später folgen die 10 sozialistischen Staaten *Bulgarien, Polen, die ČSR, Ungarn, Rumänien, China, Korea, Albanien u. Vietnam, zuletzt die Mongolei* (13. 4. 50).

In einem Telegramm vom 13. 10. 49 hatte *Stalin* die Gründung der DDR als *„Wendepunkt in der Geschichte Europas"* bezeichnet. Das deutsche u. sowjetische Volk besäßen „die größten Potenzen in Europa zur Vollbringung großer Aktionen von Weltbedeutung". – Zur Bildung der Sowjetischen Kontrollkommission ↑V. 10. 10. 49.

1950

23. Juni   In der **Prager Deklaration** erklären die DDR u. die ČSR, daß es

zwischen ihnen „keine strittigen u. offenen Fragen" u. „keine Gebiets- u. Grenzansprüche" gebe. Die „Umsiedlung" der Deutschen aus der ČSR sei „unabänderlich, gerecht u. endgültig gelöst".

Ähnliche Deklarationen über die Entwicklung guter Beziehungen werden mit *Ungarn* am 24. 6., mit *Rumänien* am 22. 9. u. mit *Bulgarien* am 25. 9. 50 ausgetauscht; vereinbart wird auch die wissenschaftlich-technische u. kulturelle Zusammenarbeit.

6. Juli   Im **Görlitzer Vertrag** stimmen die Regierungen Polens u. der DDR überein, daß die seit dem Potsdamer Abkommen „festgelegte u. bestehende" *Oder-Neiße-Grenze* die „Staatsgrenze zwischen Deutschland u. Polen" bilde. Sie sei eine *„unantastbare Friedens- u. Freundschaftsgrenze"*. ↑I. 17. 7.–2. 8. 45

Bereits am 6. 6. 50 hatten Ulbricht als Leiter einer DDR-Delegation u. der polnische Regierungschef Cyrankiewicz die **Warschauer Deklaration** über die *„Grenzmarkierung"* unterzeichnet. Sie wird im Görlitzer Vertrag völkerrechtlich abgesichert u. durch einen Rechtsakt am 27. 1. 51 in Frankfurt a. d. O. *(Abstecken im Gelände)* abgeschlossen.

Die *Regierung Adenauer* erklärt am 9. 6. 50 alle Grenzabreden der „Sowjetzone" für *„null u. nichtig"*. Der Bundestag legt am 13. 6. 50 im Namen aller Abgeordneten, die 2 kommunistischen ausgenommen, Rechtsverwahrung gegen die *„Politik des Verzichts"* ein.

28. Sept.   Die DDR wird *Mitglied des* **Rats für Gegenseitige Wirtschaftshilfe** *(RGW)*. ↑XI. 28. 9. 50

Das langfristige *Handelsabkommen mit der SU* vom 27. 9. 51 deckt v. a. den Importbedarf bei Rohstoffen (Erzen) u. Halbfabrikaten; die DDR liefert hauptsächlich Industrieausrüstungen u. Maschinen.

20./21. Okt.   Die **Prager Außenministerkonferenz** sozialistischer Staaten, an der *erstmals die DDR* teilnimmt, protestiert gegen Bestrebungen, Deutschland zu remilitarisieren u. in „Aggressionspläne" einzubeziehen. Sie fordert, den Rat der Außenminister neu einzuberufen, das Potsdamer Abkommen zu verwirklichen, eine paritätisch gebildete deutsche Zentralregierung zu schaffen u. einen *Gesamtdeutschen Rat* vorzubereiten. ↑IX. 30. 11. 50

Auf ihrer Konferenz vom 12.–18. 9. 50 in **New York** hatten die Außenminister Acheson, Bevin u. Schuman eine *neue Deutschlandpolitik* angekündigt. Sie diskutierten die Aufstellung europäischer Streitkräfte mit deutschen Kontingenten, befürworteten die Wiedervereinigung Deutschlands u. betrachteten bis dahin die Bonner Bundesregierung als legitimiert, das deutsche Volk zu repräsentieren.

1953

28./29. Mai — Umwandlung der SKK in die **Hohe Kommission** *der SU* in Deutschland. ↑V. 28./29. 5. 53

1. Okt. — **Bolz** (NDPD) wird *neuer Außenminister*. Sein Amtsvorgänger *Dertinger* (CDU) war am 15. 1. 53 wegen des Verdachts der *Agententätigkeit* verhaftet worden.

1954

1. Jan. — Verzicht der SU auf weitere **Reparationen.** ↑XI. 1. 1. 54

25. März — Die SU räumt der DDR mit der **Souveränitätserklärung** das Recht ein, „nach eigenem Ermessen über ihre inneren u. äußeren Angelegenheiten einschließlich der Frage der Beziehungen zu Westdeutschland zu entscheiden". Ausgenommen sind Funktionen, die „mit der Gewährleistung der Sicherheit" zusammenhängen u. mit „Verpflichtungen" der SU aus Vier-Mächte-Abkommen.

1955

25. Jan. — Die *SU beendigt den* **Kriegszustand** *mit Deutschland.*

14. Mai — Die DDR tritt dem **Warschauer Pakt** bei. ↑XII. 14. 5. 55

20. Sept. — Im **1. Staatsvertrag** bekräftigen DDR u. SU, daß die Beziehungen zwischen ihnen „auf völliger Gleichberechtigung, gegenseitiger Achtung der Souveränität u. der Nichteinmischung in die inneren Angelegenheiten" beruhen. Zeitweilig bleiben in der DDR sowjetische Truppen stationiert. Beide Staaten, die sich zu Konsultation u. zur gegenseitigen Hilfe beim Aufbau des Sozialismus verpflichten, erstreben eine *„friedensvertragliche Regelung"* u. die *Wiederherstellung der Einheit Deutschlands* „auf friedlicher u. demokratischer Grundlage". Das *Amt des Hohen Kommissars* wird aufgelöst.

25. Dez. — Die DDR schließt einen *Vertrag über Freundschaft u. Zusammenarbeit* (Kooperationsvertrag) mit der **VR China,** am 22. 8. 57 auch mit der **Mongolischen VR.**

1957

2. Okt. — Der *polnische Außenminister* **Rapacki** schlägt erstmals eine *atomwaffenfreie Zone* in ganz Deutschland, in der ČSR u. in Polen vor. Die DDR-Regierung stimmt am 5. 10. 57 zu; die USA u. die BRepD lehnen ab *(Rapacki-Plan).*

10. Okt. **Jugoslawien** *u. die DDR* vereinbaren die *Aufnahme diplomatischer Beziehungen.*

Am 19. 10. 57 bricht die BRepD unter Berufung auf die **Hallstein-Doktrin** die Beziehungen zu Jugoslawien ab. ↑IX. 8./9. 12. 55

1958

27. Nov. Zur **2. Berlinkrise** ↑X. 27. 11. 58.

1961

13. Aug. *Bau der* **Berliner „Mauer".** ↑VII. 13. 8. 61

18. Dez. Die DDR beruft ihren *Botschafter aus* **Albanien** ab u. schränkt das diplomatische Personal ein. Mit der Leitung der Vertretung wird ein *Geschäftsträger* beauftragt. – Die VR Albanien, die beschuldigt wird, eine „Verleumdungs- u. Hetzkampagne" durchzuführen, hatte mit der *VR China* ein *Finanzhilfeabkommen* abgeschlossen.

1962

24. Mai Die *DDR u. der* **Irak** vereinbaren, *Generalkonsulate* in Berlin u. Bagdad zu errichten. Diplomatische Beziehungen werden am 10. 5. 69 aufgenommen. ↑8. 5.–10. 7. 69

1963

12. Jan. **Kuba** *u. die DDR* nehmen *volle diplomatische Beziehungen* auf, indem sie die bereits bestehenden Missionen in den Rang von Botschaften erheben.

Aufgrund der *Hallstein-Doktrin* bricht die BRepD am 14. 1. 63 die Beziehungen mit Kuba ab. ↑IX. 8./9. 12. 55

5. Aug. Zum **Atomteststoppabkommen,** dem die DDR beitritt ↑XII. 8. 8. 63.

18. Sept. Die **Visapflicht** zwischen der DDR u. *Ungarn* entfällt bei Privatreisen. Es folgen gleiche Vereinbarungen mit der *ČSSR* am 30. 9. 63, mit *Polen* am 7. 6. 64, mit *Rumänien* am 15. 6. 65 u. mit der *SU* am 16. 12. 65.

28. Okt. Die DDR vereinbart mit der *Arabischen Republik Jemen* **(Nordjemen),** *Generalkonsulate* in Sana u. Berlin zu errichten, am 12. 2. 64 mit **Ceylon (Sri Lanka),** die Handelsmission in Colombo in ein *Generalkonsulat* umzuwandeln.

1964

17. Mai Die DDR schließt mit der *neugegründeten Vereinigten Republik* von **Tanganjika u. Sansibar** *(Tansania)* einen *Vertrag über Freundschaft, gegenseitige Unterstützung u. Erweiterung der Zusammenarbeit* ab.

12. Juni Die SU schließt mit der DDR während des Besuchs Ulbrichts in Moskau den **1. Vertrag über Freundschaft, Zusammenarbeit u. gegenseitigen Beistand** ab. Dieses *1. bilaterale Abkommen* der DDR mit einem Mitglied des Warschauer Pakts bekennt sich zu den „Prinzipien des sozialistischen Internationalismus" u. garantiert die Unantastbarkeit der Staatsgrenzen des „1. Arbeiter- u. Bauern-Staats in der Geschichte Deutschlands". West-Berlin wird als selbständige politische Einheit betrachtet. Beide Vertragspartner gehen von der „Existenz zweier souveräner deutscher Staaten" aus; nur sie könnten „durch gleichberechtigte Verhandlungen u. eine Verständigung" ein friedliebendes einheitliches Deutschland schaffen.

Am 13. 6. bekräftigt die Bundesregierung ihren *Alleinvertretungsanspruch*. Sie betrachtet sich weiterhin als einzige rechtmäßig gebildete Regierung Deutschlands u. sei daher allein befugt, für das ganze deutsche Volk zu sprechen.

1965

24. Febr. – 2. März Auf Einladung des *Präsidenten* **Nasser** hält sich der *DDR-Staatsratsvorsitzende* **Ulbricht** zu einem *„Freundschaftsbesuch"* in *Ägypten* auf. Es werden Abkommen über wirtschaftliche, technische, wissenschaftliche u. kulturelle Zusammenarbeit abgeschlossen.

Die BRepD stellt daraufhin die Wirtschaftshilfe an die VAR ein u. erstrebt diplomatische Beziehungen mit *Israel;* sie werden am 12. 5. 65 aufgenommen u. veranlassen die arabischen Staaten (ausgenommen Libyen, Marokko u. Tunesien), ihre Beziehungen mit Bonn abzubrechen.

25. Juni *Neuer DDR-Außenminister* anstelle von *Bolz* wird **Winzer** (bis 20. 1. 75).

15. Sept. Die DDR u. **Syrien** vereinbaren, *je ein Generalkonsulat* in Damaskus (bisher Konsulat) u. in Berlin zu errichten.

1966

28. Febr. Die DDR beantragt die Aufnahme in die **Vereinten Nationen.**

16. März Die DDR u. die SU vereinbaren eine **Paritätische Regierungskommission** für ökonomische u. wissenschaftlich-technische Zusammenarbeit. Sie soll u. a. die Wirtschaftspläne koordinieren helfen u. die Kooperation zwischen staatlichen u. wirtschaftlichen Stellen erleichtern (z. B. beim Schiff- u. Maschinenbau). – Entsprechende paritätische Kommissionen bildet die DDR auch mit anderen sozialistischen Staaten.

6. Juli Der Politische Beratende Ausschuß der *Warschauer Pakt-Staaten* verabschiedet trotz Vorbehalten der DDR die *programmatische* **Bukarester Deklaration.** Sie fordert, ein „Klima der Entspannung" zu schaffen u. die „Überreste des Kalten Krieges" zu beseitigen, um den Frieden zu festigen u. die Sicherheit in Europa zu gewährleisten. Voraussetzungen seien: die Abkehr der NATO, v. a. der USA u. der BRepD, von „imperialistischen" u. „revanchistischen" Plänen (z. B. einer multilateralen Atomstreitmacht), die Unantastbarkeit der in Europa bestehenden Grenzen einschließlich jener der DDR, Polens u. der ČSSR, die Anerkennung der DDR, die Ungültigkeit des Münchner Abkommens ex tunc u. a. Als „konkretes Aktionsprogramm" wird u. a. vorgeschlagen: „Gutnachbarliche Beziehungen" auf der Basis der „friedlichen Koexistenz" u. der wirtschaftlichen, wissenschaftlichen, technischen u. kulturellen Zusammenarbeit zwischen allen europäischen Staaten zu entwickeln, NATO u. Warschauer Pakt gleichzeitig aufzulösen, „Teilmaßnahmen zur militärischen Entspannung" einzuleiten u. eine gesamteuropäische Konferenz über Sicherheit und Zusammenarbeit einzuberufen **(KSZE).** ↑XV. 1. 8. 75

1967

15. März Die DDR schließt mit **Polen** einen *Vertrag über Freundschaft, Zusammenarbeit u. gegenseitigen Beistand* ab, am 17. 3. 67 auch mit der **ČSSR.** – Ähnliche bilaterale *„Blockverträge"* für die Dauer von 20 Jahren folgen am 18. 5. 67 mit **Ungarn,** am 7. 9. 67 mit **Bulgarien** u. zuletzt am 12. 5. 72 mit **Rumänien.**

Auf der *Warschauer Konferenz* der Außenminister vom 8.–10. 2. 67 war es der DDR gelungen, die Mitgliedstaaten des Warschauer Pakts auf die **Ulbricht-Doktrin** einzuschwören: Danach durfte kein sozialistischer Staat Botschafter mit der BRepD austauschen, bevor sie nicht auf ihre „Alleinvertretungsanmaßung" verzichtet, die „Revanchepolitik" eingestellt u. die bestehenden Grenzen anerkannt hatte. Die bilateralen Beistandsverträge sollten die „neue Ostpolitik" der Großen Koalition blockieren, die diplomatische Beziehungen zuerst mit dem „Außenseiter" Rumänien am 31. 1. 67 hatte vereinbaren können. So entstand ein *neues regionales Bündnissystem* mit dem *„Eisernen Dreieck"* Ost-Berlin–Warschau–Prag als Zentrum.

24.–26. April Auf der **Konferenz in Karlsbad,** an der sich die Außenseiter Albanien, Jugoslawien u. Rumänien nicht beteiligen, verpflichten sich die kommunistischen u. Arbeiter-Parteien Europas zu einer *„Aktionseinheit":* Sie fordern die Anerkennung der „realen Lage" u. der bestehenden Grenzen in Europa, v. a. an Oder u. Neiße sowie zwischen beiden deutschen Staaten, die souverän u. gleichberechtigt seien, die Anerkennung der Ungültigkeit des Münchner Abkommens von Anfang an, den Verzicht der BRepD auf die „Alleinvertretungsanmaßung" u. den Zugang zu Nuklearwaffen aller Art. Damit waren die „Bruderparteien" auf den harten Kurs der SED eingeschwenkt u. verpflichtet, die *Ulbricht-Doktrin (Hallstein-Doktrin der DDR)* zu vertreten.

1968

1. Juli   Beitritt der DDR zum *Vertrag über die* **Nichtverbreitung von Kernwaffen.** ↑XII. 1. 7. 68

21. Aug.   **ČSSR-Intervention:** Truppen 5 verbündeter Warschauer Pakt-Staaten, darunter der DDR, marschieren in die ČSSR ein u. beenden so gewaltsam das Experiment des *Prager Reformkommunismus* („Sozialismus mit menschlichem Gesicht"). Der *neugewählte 1. KPČ-Sekretär Dubček,* der am 5. 1. 68 den moskautreuen Novotny abgelöst hatte (er blieb noch bis 22. 3. 68 Staatspräsident), war trotz wiederholter Warnungen *Breschnews* u. *Ulbrichts* nicht von seinem Reformkurs abgerückt.

Die SU rechtfertigt die Intervention als „Hilfsaktion" mit der *Breschnew-Doktrin:* Danach verfügen die Verbündeten in Osteuropa über eine *beschränkte Souveränität,* wenn Gefahr besteht, daß ein sozialistischer Staat dem „Imperialismus" zum Opfer falle. Die BRepD wird beschuldigt, sie habe die „konterrevolutionäre Verschwörung" mit dem Ziel angezettelt, die ČSSR aus der „sozialistischen Gemeinschaft" herauszubrechen. Die ČSSR-Intervention, die wie ein Schock wirkt, wird zur *Wegscheide* der Ost- und Entspannungspolitik in der Großen Koalition.

12. Sept.   Die DDR schließt mit der **Mongolischen VR** einen *2. Vertrag über Freundschaft, Zusammenarbeit u. gegenseitigen Beistand* ab. ↑25. 12. 55

1969

17. März   Der Politische Beratende Ausschuß der *Warschauer Pakt-Staaten* appelliert in *Budapest* an alle europäischen Länder, eine **KSZE** vorzubereiten u. einzuberufen. Sie wird nicht mehr – wie noch in Bukarest (↑6. 7. 66) oder Karlsbad (↑24.–26. 4. 67) – von Vorbedingungen abhängig gemacht. Insofern markiert die **Budapester Deklaration** eine *Wende* der Westeuropapolitik der SU u.

ihrer Verbündeten: 1. Der seit langem schwelende Konflikt mit der *VR China*, der sich zu einem Grenzkrieg an der Mandschurei auszuweiten drohte (Zusammenstöße am 2. und 15. 3. am Ussuri), legte der SU nahe, Entspannung im Westen zu suchen; 2. Nach der *ČSSR-Intervention* war die SU wieder der unbestrittene Hegemon in Osteuropa; 3. Wollte sie das politische Klima verbessern, um die *ökonomischen Beziehungen* mit dem Westen zu intensivieren u. 4. den *territorialen Status quo* vertraglich absichern, den der 2. Weltkrieg hinterlassen hatte.

Die Budapester Konferenz beschließt als Konsequenz aus der ČSSR-Krise, bestehende Organe des Warschauer Pakts zu reformieren u. neue zu schaffen *(Komitee der Verteidigungsminister, Militärrat, technisches Komitee der Vereinten Streitkräfte)*.

8. Mai – 10. Juli Die DDR wird *erstmals von nicht-kommunistischen Staaten* völkerrechtlich anerkannt: am 8. 5. von **Kambodscha,** am 10. 5. vom **Irak,** am 3. 6. vom **Sudan,** am 5. 6. von **Syrien,** am 20. 6. von **Südvietnam,** am 10. 7. vom **Südjemen** u. von der **VAR.**

In einer Grundsatzerklärung vom 30. 5. 69 *modifiziert* die Bundesregierung die *Hallstein-Doktrin:* Zwar gilt jede Anerkennung der DDR nach wie vor als unfreundlicher Akt, doch hängen die Gegenmaßnahmen von den Umständen des Einzelfalls ab. Daher werden die Beziehungen zu Kambodscha am 4. 6. 69 nicht abgebrochen, sondern *„eingefroren"*, d. h. der Botschafter wird abberufen, die vertraglich vereinbarte Entwicklungshilfe läuft aus. ↑XI. 8./9. 12. 55

1972

1. Jan. Zwischen der DDR u. der *VR Polen* beginnt der **paß- u. visafreie Reiseverkehr,** am 15. 1. 72 auch zwischen der DDR u. der *ČSSR*.

Ab 30. 10. 80 wird für Privatreisen zwischen der DDR u. *Polen* eine von der Volkspolizei bestätigte Einladung des im anderen Staat lebenden Gastgebers benötigt.

3. Juni Das **Vier-Mächte-Berlin-Abkommen** tritt mit den *ergänzenden innerdeutschen Vereinbarungen* u. den **Ostverträgen** der BRepD in Kraft. ↑IX. 3. 6. 72 u. X. 3. 9. 71

1973

9. Febr. **England** u. **Frankreich** nehmen *diplomatische Beziehungen* mit der DDR auf, am 4. 9. 74 auch die **USA.**

IX. Deutsch-deutscher Konflikt und Deutschlandpolitik
1949–1972

1949

7. Okt. Die *Regierung Adenauer protestiert gegen die* **Gründung der DDR** u. ihre von der Provisorischen Volkskammer *in Kraft gesetzte Verfassung* vom gleichen Tage (↑VI. 7. 10. 49). Das nicht frei gewählte *SED-Regime* sei rechtswidrig u. nicht befugt, die Bevölkerung in der SBZ zu vertreten.

Der 1. Deutsche Bundestag der Bundesrepublik Deutschland (BRepD) hatte am 15. 9. 49 *Adenauer* (CDU) zum *Bundeskanzler* gewählt, der am 20. 9. 49 sein 1. Kabinett bildete.

21. Okt. BK *Adenauer* betont im Bundestag, die BRepD sei „allein befugt, für das deutsche Volk zu sprechen" **(Alleinvertretungsanspruch).** Sie erkenne Erklärungen der „Sowjetzone", u. a. über die Oder-Neiße-Linie, nicht als verbindlich für das deutsche Volk an. ↑VIII. 6. 7. 50

1950

30. Nov. Ministerpräsident *Grotewohl* schlägt BK *Adenauer* in einem Brief vor, einen *paritätisch besetzten* **Gesamtdeutschen Konstituierenden Rat** zu bilden; er solle eine gesamtdeutsche provisorische Regierung, Wahlen für eine Nationalversammlung u. den Friedensvertrag vorbereiten. – Die Losung *„Deutsche an einen Tisch"* entspricht Empfehlungen der *Prager Konferenz.* ↑VIII. 20./21. 10. 50

Adenauer lehnt am 15. 1. 51 ab. – DDR-Präsident Pieck schlägt Bundespräsident Heuss mit Schreiben vom 2. 11. 51 erneut *gesamtdeutsche Beratungen* vor.

1951

20. Sept. Das zwischen den Währungsgebieten der DM-West u. der DM-Ost abgeschlossene **Berliner Abkommen** regelt den **Interzonenhandel.** Es bildet die Rechtsgrundlage für den *innerdeutschen Handel,* der nach vereinbarten Warenlisten auf dem Verrechnungswege *(clearing)* zum beiderseitigen Vorteil abgewickelt wird u. einen Sonderstatus behält *(Währungsgebietsklausel).*

Das *1. Interzonenhandelsabkommen* war am 18. 1. 47 zwischen den Militärverwaltungen der Bizone u. der SBZ abgeschlossen worden.

1952

9. Jan. Die Volkskammer verabschiedet ein Gesetz für die Durchführung *freier gesamtdeutscher Wahlen zur* **Nationalversammlung.** – Die Volkskammer hatte dem Bundestag wiederholt vorgeschlagen, gesamtdeutsche Beratungen über Wahlen für eine Nationalversammlung u. über den Abschluß eines Friedensvertrages aufzunehmen.

Am 6. 2. 52 billigt der Bundestag das Wahlgesetz für eine verfassunggebende gesamtdeutsche Nationalversammlung.

Die geforderte u. von der *UN-Vollversammlung* am 20. 12. 51 beschlossene *internationale Kontrollkommission,* die die Voraussetzungen für freie gesamtdeutsche Wahlen prüfen soll, vertagt sich am 21. 7. 52 auf unbestimmte Zeit, da ihr die DDR die Einreise verweigert.

10. März **Stalin** schlägt den 3 Westmächten vor, einen *Friedensvertrag mit Deutschland,* vertreten durch eine gesamtdeutsche Regierung, auf folgender Basis abzuschließen: *Wiedervereinigung* in den Grenzen, wie auf der Potsdamer Konferenz „festgelegt" (↑I. 17. 7.–2. 8. 45); *Neutralisierung* Deutschlands nach Abzug aller ausländischen Truppen; Aufbau *nationaler Streitkräfte* zur Landesverteidigung; Verbot antidemokratischer u. militärischer Organisationen, jedoch Garantie demokratischer Rechte u. Parteien.

Die Westmächte lehnen in ihrer Antwortnote vom 25. 3. mit ausdrücklicher Billigung Adenauers *(Siegener Rede* vom *16. 3.)* von vornherein ab, einen Friedensvertrag zu erörtern, bevor *freie gesamtdeutsche Wahlen* stattfinden.

9. April In einer *2. Note* an die 3 Westmächte erklärt sich die SU bereit, **„freien gesamtdeutschen Wahlen"** zuzustimmen, allerdings unter 4-Mächte-, nicht unter UN-Kontrolle. – Die Westmächte beharren in ihrer Antwort vom 13. 5. darauf, daß ein Friedensvertrag erst abgeschlossen werden könne, wenn eine gesamtdt. Regierung aufgrund garantiert freier Wahlen entstanden sei u. sie vor u. nach der Friedensregelung über Koalitions-, Integrations- u. Grenzfragen *frei* zu entscheiden vermag.

In einem 3. u. 4. Notenwechsel (24. 5./10. 7. u. 23. 8./23. 9. 52) verhärten sich die Standpunkte: Die Westmächte wollen wie Adenauer – ohne das sowjetische Angebot zu testen – die Voraussetzungen für freie Wahlen erst prüfen, bevor sie stattfinden, dann eine gesamtdt. Regierung bilden u. zuletzt über einen

Friedensvertrag auf der Basis der Koalitionsfreiheit Deutschlands verhandeln; die SU-Vorschläge dagegen bestehen auf der
umgekehrten Reihenfolge u. auf einer *Neutralisierung* ganz
Deutschlands.

Der FDP-Abgeordnete *Pfleiderer* stellt in seiner Waiblinger
Rede vom 6. 6. 52 die These in Frage, daß freie Wahlen, denen
die SU nicht zustimmen könne, der 1. Schritt zur Wiedervereinigung seien.

26./27. Als Reaktion auf die Unterzeichnung des *Bonner Deutschland-*
Mai *Vertrags* u. des *EVG-Vertrags* wird die **innerdeutsche Demarka-**
tionslinie *abgeriegelt*: durch einen 10-m-Kontrollstreifen, einen
500-m-Schutzstreifen u. eine 5-km-Sperrzone; der bisher gedul-
dete *kleine Grenzverkehr* wird eingestellt. Über Berlin ↑X. 26. 5.
52.

Mit dem *Deutschland-Vertrag* vom 26. 5. 52 erhält die BRepD
von den 3 Westmächten die Souveränität unter Vorbehalten; er
wird nach dem *Scheitern des Vertrags über die Europäische*
Verteidigungsgemeinschaft (EVG) vom 27. 5. 52 auf den *Pariser*
Konferenzen vom 19.–23. 10. 54 neu gefaßt u. tritt am 5. 5. 55 in
Kraft.

1953
17. Juni **Aufstand** *in Ost-Berlin u. in der DDR.* ↑V. 17. 6. 53
Die BRepD erhebt den 17. Juni mit Gesetz vom 4. 8. 53 zum
„Tag der deutschen Einheit" u. zum gesetzlichen Feiertag.

1954
25. Jan. Die **Berliner Außenministerkonferenz** (Dulles, Molotow, Eden,
–18. Febr. Bidault) erzielt *kein Übereinkommen* in Deutschland- u. Sicher-
heitsfragen. Eden empfiehlt als 5-Punkte-Programm zur Wiedervereinigung: 1. Gesamtdeutsche, garantierte freie Wahlen abzu-
halten; 2. eine Nationalversammlung einzuberufen; 3. eine Verfassung u. einen Friedensvertrag vorzubereiten; 4. die Verfassung anzunehmen u. eine auch für den Friedensvertrag zuständi-
ge Regierung zu bilden; 5. den Friedensvertrag abzuschließen.
Diesem Deutschland sollte es freistehen, die Bündnisverpflich-
tungen der BRepD bzw. der DDR zu übernehmen, zu lösen oder
neue einzugehen **(1. Eden-Plan).** Demgegenüber will Molotow:
1. Einen Friedensvertrag mit Vertretern der BRepD u. der DDR
ausarbeiten; 2. eine provisorische Regierung durch Bundestag u.
Volkskammer einsetzen; 3. die Besatzungstruppen bis auf Kon-
trollkontingente abziehen u. freie gesamtdt. Wahlen durchfüh-

ren; 4. eine gesamtdt. Regierung bilden. Das wiedervereinigte Deutschland müsse – von den Verträgen der BRepD u. DDR freigestellt – zur *Neutralität* verpflichtet u. in ein *kollektives Sicherheitssystem in Europa* eingegliedert werden. *Erstmals* wurde so die *deutsche Frage* mit dem Problem der *europäischen Sicherheit* verknüpft. ↑VIII. 6. 7. 66 u. XV. 1. 8. 75

1955

15. Jan. In einer **„Erklärung zur deutschen Frage"** stellt die SU die BRepD vor die Alternative, zwischen Verhandlungen über die *Wiedervereinigung* auf der Basis freier gesamtdeutscher Wahlen oder der Ratifizierung der *Pariser Verträge* vom 23. 10. 54 zu wählen; die geplante Remilitarisierung würde Deutschland endgültig spalten u. verhindern, daß es als *„Großmacht"* wiedererstehe.

Die Deklaration der *Moskauer Ostblockkonferenz* vom 2. 12. 54 hatte Deutschland die historische Rolle einer *„Großmacht"* zugebilligt, sofern es den friedlichen Weg gehe u. an einem europäischen System der kollektiven Sicherheit teilnehme.

Nach dem Inkrafttreten der *Pariser Verträge* am 5. 5. 55 u. der Aufnahme der Bundesrepublik in die **WEU u. NATO** gründen die Ostblockstaaten den **Warschauer Pakt.** ↑XII. 14. 5. 55

25. Jan. Die *SU erklärt den* **Kriegszustand** *mit Deutschland* für beendet. – Die osteuropäischen Staaten schließen sich diesem Schritt bis April 55 an.

18.–23. Auf der **Genfer Gipfelkonferenz** der 4 Siegermächte (der *1. seit*
Juli *Potsdam* ↑I. 17. 7.–2. 8. 45), an der Delegationen der BRepD u. der DDR als Beobachter teilnehmen, können sich Eisenhower/ Dulles, Bulganin/Chruschtschow/Molotow, Eden/Macmillan u. Faure/Pinay nur auf die „Direktive" einigen, daß zwischen der *deutschen Wiedervereinigung* auf der Basis *freier Wahlen* u. der Schaffung eines *gesamteuropäischen Sicherheitssystems* ein *Junktim* bestehe („Konferenz des Lächelns").

Eisenhower hatte einen *Abrüstungsplan* mit gegenseitiger Luftinspektion vorgeschlagen, *Eden* einen dreigliedrigen Plan: Abschluß eines *Sicherheitspakts* zwischen einem – über freie Wahlen – geeinten Deutschland u. den 4 Mächten, *Rüstungsinspektionen* beiderseits der Ost-West-Demarkationslinie u. – ausgehend vom territorialen Status quo – die Schaffung *militärisch verdünnter Zonen* entlang der Oder-Neiße-Linie **(2. Eden-Plan).** *Bulganin* forderte einen *gesamteuropäischen kollektiven Sicherheitspakt,*

dem beide deutsche Staaten bis zur Wiedervereinigung angehö-
ren sollten, sowie einen *Nichtangriffsvertrag* zwischen NATO/
WEU u. Warschauer Pakt. – Bei einer Zwischenlandung in Ost-
Berlin geht Chruschtschow bereits von der **„Zweistaatentheorie"**
aus: daß die Wiedervereinigung Sache der Deutschen sei u. eine
Annäherung zwischen der „souveränen" DDR u. BRepD erfordere.

Die auf dem Gipfel beschlossene **Genfer Außenministerkonferenz** (27. 10.–16. 11. 55) bringt keine Fortschritte: die Westmächte legen den *modifizierten Eden-Plan* mit einem Zusicherungs-
vertrag über eine beschränkte Rüstungszone mit Inspektionen
vor; Molotow vertritt die *„Zweistaatenthese"*: daß 2 souveräne
deutsche Staaten bestehen, die als 1. Schritt zur Wiedervereinigung einen Gesamtdeutschen Rat bilden sollten **(Konfödera-
tionsplan).** ↑30. 11. 50 u. 27. 7. 57

Die in Genf vereinbarte Parallelität von Wiedervereinigung u.
Abrüstung/Entspannung wird in der Folgezeit zunächst von
Frankreich (Mollet) in Frage gestellt u. dann von England (Eden)
u. den USA (Radford-Plan) aufgegeben.

8./9. Dez.   Außenminister v. Brentano weist auf einer Botschafterkonferenz
in Bonn auf die Folgen hin, die der *Alleinvertretungsanspruch* im
völkerrechtlichen Verhältnis zur Bundesrepublik Deutschland –
bis zum Abbruch der Beziehungen – nach sich zieht, wenn dritte
Staaten *diplomatische Beziehungen zur DDR* aufnehmen. Ausgenommen gilt die SU wegen ihrer Verantwortung für Deutschland als Ganzes (**Hallstein-Doktrin,** benannt nach dem Staatsse-
kretär im AA).

1957
27. Juli   Der Ministerrat schlägt zur Sicherung des Friedens u. der Wiedervereinigung Deutschlands vor, eine **Konföderation** zwischen
der DDR u. BRepD als *Staatenbund* zu bilden.

1958
7. u. 19.   In Gesprächen mit dem sowjetischen Botschafter in Bonn Smir-
März   now schlägt *Adenauer* eine **„Österreich-Lösung"** für die DDR
vor: Sie sollte *neutralisiert* werden, aber ihre inneren Angelegenheiten frei gestalten können. – Er wiederholt diesen Vorschlag
beim Besuch des stellvertretenden Ministerpräsidenten *Mikojan*
vom 25.–28. 4. 58 in Bonn. – Adenauer vertritt damit *erstmals*
eine Alternative zur bisher von ihm öffentlich propagierten
Deutschlandpolitik.

27. Nov. Die *SU* kündigt ihre **4-Mächte-Verantwortung für Deutschland u. Berlin** auf. ↑X. 27. 11. 58

1959

10. Jan. Die SU fordert alle Staaten der ehemaligen Anti-Hitler-Koalition sowie die BRepD u. die DDR auf, eine **Friedenskonferenz** einzuberufen. Der unterbreitete Entwurf eines *Friedensvertrags* knüpft an Vorschläge der *März-Note Stalins* an (Neutralisierung Deutschlands, Anerkennung der Oder-Neiße-Grenze ↑10. 3. 52); ihn sollten diesmal *beide deutsche Staaten* unterzeichnen, denen als Weg zur Wiedervereinigung empfohlen wird, eine *Konföderation* zu bilden. Für *West-Berlin* ist der Status einer *entmilitarisierten freien Stadt* vorgesehen.

Die 3 Westmächte u. die BRepD lehnen am 16. 2. 59 ab, unter dem Druck eines „Ultimatums" zu verhandeln u. bestehen darauf, die deutsche Frage auf einer Außenministerkonferenz zu erörtern. – Chruschtschow droht am 5. 3. 59 den Abschluß eines *Separatfriedensvertrags* mit der DDR an; am 19. 3. 59 bestreitet er, daß es sich bei den Berlin-Initiativen um ein Ultimatum handele.

11. Mai Die **4-Mächte-Außenministerkonferenz in Genf,** auf der an
– 20. Juni „Katzentischen" auch „Berater" beider deutscher Staaten teil-
u. 13. Juli nehmen (v. Brentano/Grewe u. Bolz/Winzer), endet faktisch
– 5. Aug. ergebnislos.

Dulles' Nachfolger **Herter** legt den letzten großen westlichen *Stufenplan zur Wiedervereinigung* vor, der zugleich – im Sinne des *2. Eden-Plans* ↑18.–23. 7. 55 – den Aufbau eines *europäischen Sicherheits- u. Inspektionssystems* erstrebt: 1. Ost- u. West-Berlin werden nach freien Wahlen unter UNO- oder 4-Mächte-Kontrolle vereint (vorgeschaltete „*kleine*" Wiedervereinigung); 2. die 4 Mächte setzen einen Ausschuß aus 25 BRepD- u. 10 DDR-Vertretern ein, der u. a. einen Gesetzentwurf für freie Wahlen erarbeitet u. einer Volksabstimmung unterbreitet; 3. eine gewählte gesamtdeutsche Versammlung entwirft eine Verfassung, nach der eine gesamtdeutsche Regierung gebildet wird; 4. diese Regierung schließt den Friedensvertrag ab. – Der neue SU-Außenminister *Gromyko* besteht auf dem Friedensvertragsentwurf vom ↑10. 1. 59. Notfalls werde ein *separater Friedensvertrag* mit der DDR abgeschlossen; ihr würden dann alle Berlin-Rechte übertragen, so daß die westalliierten erlöschen.

In der 2. Konferenzphase gehen die Westmächte immer mehr

von ihren gesamtdeutschen Zielsetzungen ab. Sie koppeln die Berlin-Frage von der Deutschland-Frage ab, signalisieren Konzessionsbereitschaft u. steuern ein Separatabkommen zur Bereinigung der „anomalen Lage" in Berlin an. Das vereinbarte Gipfeltreffen zwischen Eisenhower u. Chruschtschow am 26./27. 9. 59 in *Camp David* weckt – nicht erfüllte – Erwartungen auf ein Ost-West-Arrangement.

1960

16. Aug.   Das **Interzonenhandelsabkommen** vom ↑20. 9. 51 wird geändert, damit längerfristige Lieferverträge möglich sind. Der *Swing* dient als zinsloser Überziehungskredit.

Die BRepD kündigt am 30. 9. 60 vorsorglich das Abkommen wegen *Behinderungen des Berlin-Verkehrs,* setzt es jedoch zum 1. 1. 61 wieder in Kraft.

1961

6. Juli   Der **Deutsche Friedensplan** *der Volkskammer* schlägt eine *paritätisch besetzte Kommission* aus Regierungs- u. Parlamentsvertretern beider deutscher Staaten vor. Sie soll einen Friedensvertrag vorbereiten u. die bilateralen Beziehungen verbessern helfen (*„Abkommen des guten Willens"*).

13. Aug.   Zum **„Mauerbau"** *in Berlin* u. zur Neuorientierung der Deutschlandpolitik in der **SPD** ↑VII. 13. 8. 61.

1962

6. Juni   Adenauer macht der SU – in einem Gespräch mit Botschafter Smirnow – ein **Burgfriedens- u. Stillhalteangebot:** 10 Jahre lang solle alles so bleiben, wie es jetzt sei, danach sehe man weiter; allerdings müßten die *Menschen in der DDR freier leben* können.

Adenauers *„Arkanpolitik",* die seit dem „Mauerbau" (↑VII. 13. 8. 61) bestrebt ist, einen *modus vivendi zur SU* zu finden, wird von den *„Globke-Plänen"* (59/60) beeinflußt; sie gehen vom territorialen Status quo aus, u. a. von der Existenz der DDR, bestehen aber auf dem Selbstbestimmungsrecht des deutschen Volkes u. auf einer Humanisierung der Lebensverhältnisse in der „Zone".

1964

9. Sept.   **Rentner der DDR** dürfen *jährlich einmal* in die BRepD u. nach West-Berlin reisen, um Verwandte zu besuchen.

1. Dez.   Der **Zwangsumtausch** *wird eingeführt: Alle Besucher der DDR u. Ost-Berlins aus dem „nichtsozialistischen Ausland",* Rentner u. Kinder ausgenommen, müssen pro Tag u. Person mindestens

DM 3 im Verhältnis 1:1 einwechseln. Die Zahl der Besucher geht daraufhin stark zurück.

1966

29. Juni Die *SED* rückt vom geplanten **Redneraustausch** ab, den sie mit der *SPD* in Karl-Marx-Stadt bzw. in Essen oder Hannover verabredet hatte; denn sie sah sich in ihren Erwartungen getäuscht, die sie gehegt hatte, als sie der SPD eine *„gesamtdeutsche Beratung"* vorschlug. Als Vorwand für die Absage dient u. a. das *„Handschellengesetz":* Das von allen Parteien im Bundestag am 23. 6. 66 verabschiedete Gesetz über freies Geleit durch *„befristete Freistellung von der deutschen Gerichtsbarkeit".*

Das am 18. 12. 65 errichtete *Staatssekretariat für gesamtdeutsche Fragen* sollte Möglichkeiten direkter Beziehungen zur BRepD ausloten; es wird am 2. 2. 67 in Staatssekretariat für *westdeutsche* Fragen umbenannt u. am 7. 7. 71 aufgelöst.

13. Dez. In seiner Regierungserklärung kündigt BK **Kiesinger** seine Bereitschaft an, **Kontakte** *mit der DDR* aufzunehmen u. sie – *erstmals –* in das Angebot von *Gewaltverzichtserklärungen* einzubeziehen; doch bleibt der *Alleinvertretungsanspruch* aufrechterhalten.

1967

10. Mai **Erster deutsch-deutscher Notenwechsel:** Der Vorsitzende des
–28. Sept. Ministerrats *Stoph* fordert am 10. 5. in einem Schreiben an BK *Kiesinger* die *völkerrechtliche Anerkennung der DDR.* Von der SPD gedrängt, antwortet Kiesinger am 13. 6. mit dem Vorschlag, „praktische Fragen des Zusammenlebens der Deutschen" zu regeln. Als Stoph am 18. 9. den Entwurf eines Abkommens über „normale" völkerrechtliche Beziehungen unterbreitet, spricht Kiesinger von einem *„Teilungsvertrag"* u. beendet den Schriftwechsel am 28. 9., ohne ihn von sich aus abzubrechen. Damit hatte die Bundesregierung *erstmals* offiziell auf Noten aus Ost-Berlin geantwortet, doch scheiterte der erstrebte deutsch-deutsche Dialog an *unüberbrückbaren Meinungsverschiedenheiten.* – Zur Karlsbader Konferenz ↑VIII. 24.–26. 4. 67

Auf Vorschlag der SPD hatte Kiesinger den bevorstehenden VII. Parteitag der SED für eine *gesamtdeutsche Initiative* genutzt, indem er am 12. 4. 67 in einer Regierungserklärung einen *Maßnahmenkatalog* „zur Erleichterung der Lebensverhältnisse in ganz Deutschland" vorlegte. ↑VII. 17.–22. 4. 67

1968

Febr./ Zum *1. Male* treten auf einer **Olympiade** *zwei deutsche Mann-*
Okt.   *schaften* auf: Bei den X. Winterspielen in *Grenoble* (6. 2.–18. 2.
       68) und bei den XIX. Sommerspielen in *Mexiko* (12.–27. 10. 68).
       Bisher hatte die BRepD ihren *Alleinvertretungsanspruch* im
       Bereich des Sports behaupten können.

       Das *Internationale Olympische Komitee* (IOK) hatte am 8. 10.
       65 dem Antrag der DDR auf eine *eigene Olympiamannschaft*
       zugestimmt u. das *Nationale Olympische Komitee* (NOK) als
       Vollmitglied aufgenommen (ab 12. 10. 68 auch protokollarisch
       mit eigener Fahne u. Hymne).

11. März Im Bundestag gibt Kiesinger den *1. Bericht zur* **Lage der Nation.**
       Er bekennt sich darin zum Recht der Deutschen, in *einem* Staat
       zu leben u. erklärt sich bereit, mit der DDR-Regierung über alle
       praktischen Fragen zu verhandeln, die das Zusammenleben im
       geteilten Deutschland erleichtern. – Nach einem Beschluß des
       Bundestages vom 28. 6. 67 erstattet der BK jedes Jahr vor dem
       Parlament einen Bericht zu Lage der Nation.

1969

5. März Die *Bundesversammlung,* die zum 4. Male in West-Berlin zusam-
       mentritt, wählt *Heinemann* (SPD) mit FDP-Unterstützung im 3.
       Wahlgang mit relativer Mehrheit zum **Bundespräsidenten.**

       SU u. DDR hatten gegen die geplante Wahl *protestiert,* die
       Anreise auf dem Landweg untersagt u. *Gegenmaßnahmen* ange-
       kündigt; sie beschränken sich auf vorübergehende Sperrungen
       des Straßenverkehrs von u. nach Berlin, die mit „Manövern"
       begründet werden.

17. Dez. Der DDR-Staatsratsvorsitzende **Ulbricht** schlägt in einem
       Schreiben an Bundespräsident Heinemann vor, die Beziehungen
       zwischen beiden deutschen Staaten auf der Basis der allgemein
       anerkannten Normen des Völkerrechts zu gestalten. Beigefügt ist
       der *Entwurf eines „Vertrages über die Aufnahme* **gleichberechtig-**
       ter Beziehungen *zwischen der DDR u. BRepD";* sie sollten auf
       den Prinzipien der souveränen Gleichheit, der territorialen Inte-
       grität u. Unantastbarkeit der Staatsgrenzen, der Nichteinmi-
       schung in die inneren Angelegenheiten u. des gegenseitigen
       Vorteils beruhen. – Zur Budapester Deklaration der Warschauer
       Pakt-Staaten ↑VIII. 17. 3. 69.

1970

19. März Die *Regierungschefs* beider deutscher Staaten treffen sich **erst-**

mals *in* **Erfurt** zu einem breit angelegten Meinungsaustausch. Ministerratsvorsitzender Stoph fordert die Aufnahme völkerrechtlicher Beziehungen zwischen der „sozialistischen" DDR u. der „monopolkapitalistischen" BRepD als 2 voneinander unabhängigen souveränen Staaten; BK Brandt, von der Erfurter Bevölkerung herzlich empfangen, besteht auf „besonderen innerdeutschen Beziehungen", da die Nation fortbestehe.

Brandt hatte Stoph in einem Schreiben vom 22. 1. 70 Verhandlungen nach dem Grundsatz der Nichtdiskriminierung über den Austausch von *Gewaltverzichtserklärungen* sowie über *praktische Fragen* angeboten, die das Zusammenleben der Menschen in Deutschland erleichtern.

21. Mai   Nach dem „Anfang" in Erfurt kommt es zu einem *2. deutschen Gipfeltreffen* zwischen Brandt u. Stoph in **Kassel.** Brandt stellt Ulbrichts Vertragsentwurf (↑17. 12. 69) einen *20-Punkte-Katalog* für eine vertragliche Regelung der besonderen Beziehungen „zwischen den beiden Staaten in Deutschland" gegenüber.

Beide Staaten beabsichtigen, den Meinungsaustausch nach einer „Denkpause" (Stoph) fortzuführen. ↑3. 6. 72

1971

3. Sept.   Das **Vier-Mächte-Berlin-Abkommen** wird unterzeichnet. ↑X. 3. 9. 71

17. Dez.   Die Staatssekretäre Bahr (BRepD) u. Kohl (DDR) unterzeichnen das **Transitabkommen,** den *1. Vertrag* zwischen beiden deutschen Staaten. Er regelt den zivilen Personen- u. Güterdurchreiseverkehr zwischen der BRepD u. West-Berlin *ergänzend* zum Vier-Mächte-Berlin-Abkommen (↑X. 3. 9. 71). Abgaben u. Gebühren werden pauschaliert von der BRepD jährlich an die DDR abgeführt. Eine gemeinsame Kommission soll Meinungsverschiedenheiten bei der Anwendung u. Auslegung des Abkommens (z. B. Mißbrauch der Transitwege) beilegen. ↑X. 20. 12. 71

1972

26. Mai   Der **Verkehrsvertrag** zwischen der BRepD u. der DDR, von den Staatssekretären Bahr u. Kohl unterzeichnet, schafft *erstmals* feste, dauerhafte Rechtsgrundlagen für den *gegenseitigen Wechsel- u. Transitverkehr* von Personen u. Gütern auf Straßen, Schienen u. Wasserwegen über Grenzübergangsstellen. Beide Staaten verpflichten sich, diesen Verkehr zwischen ihren Hoheitsgebieten u. durch sie hindurch (Transit in dritte Länder) wie

international üblich auf der Basis der *Gegenseitigkeit u. Nichtdis-kriminierung* in größtmöglichem Umfang zu gewährleisten, zu erleichtern u. zweckmäßig zu gestalten; eventuelle Meinungsver-schiedenheiten soll eine *gemeinsame Kommission* schlichten.

Der Vertrag gestattet *mehrmalige jährliche Reisen* von Bundes-bürgern in die DDR auf Einladung von Verwandten oder Be-kannten (bisher nur *jährlich einmal* möglich zu Verwandten) sowie von Institutionen oder Organisationen aus kommerziellen, kulturellen, religiösen oder sportlichen Gründen. *Erstmals* sind auch *Touristenreisen* erlaubt. Die Pkw-Benutzung wird erleich-tert, die Freigrenze für Geschenke erhöht. *DDR-Bürger* können *erstmals* unabhängig von ihrem Alter in *„dringenden Familienan-gelegenheiten"* Verwandte in der BRepD besuchen (bisher nur Rentnern gestattet).

3. Juni Das **Vier-Mächte-Berlin-Abkommen (**↑X. 3. 9. 71) u. die **Ostver-träge der Bundesrepublik** treten in Kraft. Von einer Berlin-Regelung hatte die Bundesregierung die Ratifikation der Ostver-träge abhängig gemacht; sie waren vom Bundestag am 17. 5. 72 mit einem interpretierenden Entschließungsantrag verabschiedet worden.

Im **Moskauer Vertrag** mit der SU vom 12. 8. 70 hatte die BRepD die territorialen Veränderungen des 2. Weltkrieges nicht mehr in Frage gestellt u. den Gewaltverzicht konkretisiert, u. a. bezüglich der *Oder-Neiße-Linie* als Westgrenze der VR Polen u. der *Grenze zur DDR.* Der von der Bunderegierung übergebene **„Brief zur deutschen Einheit"** stellt fest, daß der Vertrag nicht dem Ziel widerspreche, „auf einen Zustand des Friedens in Europa hinzuwirken, in dem das deutsche Volk in freier Selbstbe-stimmung seine Einheit wiedererlangt".

Im **Warschauer Vertrag** vom 7. 12. 70 hatten die BRepD u. die VR Polen die Grundlagen der Normalisierung ihrer Beziehungen gelegt u. festgestellt, daß die *bestehende Grenzlinie* entlang Oder u. Lausitzer Neiße die *westliche Staatsgrenze Polens* bilde.

Die Ostverträge u. das Vier-Mächte-Berlin-Abkommen sind wesentliche Voraussetzungen für die *Entkrampfung des deutsch-deutschen Konflikts* seit dem Ende der Ära Ulbricht.

21. Dez. Im Vertrag über die Grundlagen der Beziehungen **(Grundlagen-, Grundvertrag)** kommen beide deutsche Staaten in Berlin über-ein, unbeschadet unterschiedlicher Aufassungen normale gut-nachbarliche Beziehungen zueinander auf der Grundlage der

Gleichberechtigung zu entwickeln. Die Vertragspartner gehen von den Zielen u. Prinzipien der *UN-Charta* aus, sie verzichten auf die Anwendung von Gewalt u. Drohung mit Gewalt, sie bekräftigen die Unverletzlichkeit der zwischen ihnen bestehenden Grenze, u. sie respektieren die Unabhängigkeit u. Selbständigkeit jedes der beiden Staaten. Sie tauschen „Ständige Vertretungen" aus u. erklären ihre Bereitschaft, praktische u. humanitäre Fragen zu regeln sowie die Sicherheit u. Zusammenarbeit in Europa zu fördern.

Die Bundesregierung übergibt den *„Brief zur dt. Einheit"* (↑3. 6. 72) u. sieht Staatsangehörigkeitsfragen als nicht geregelt an. Zusatzprotokoll, Briefwechsel u. Erklärungen zum Protokoll enthalten *akzessorische* Abreden: Einsetzung einer Kommission zur *Grenzmarkierung;* Erleichterungen der *Familienzusammenführung,* des *Besuchs-, Reise-* u. nichtkommerziellen *Warenverkehrs;* Antrag auf *Mitgliedschaft in der UNO,* Verbesserungen der *Arbeitsmöglichkeiten für Journalisten* u. a.

Der Bundestag stimmt dem Grundlagenvertrag am 11. 5. 73 zu u. verabschiedet das Gesetz über den Beitritt zur UNO (↑XVI. 18. 9. 73).

Das von der bayrischen Staatsregierung angerufene Bundesverfassungsgericht in Karlsruhe entscheidet am 31. 7. 73, der *Grundvertrag sei mit dem GG vereinbar.* Es hält jedoch wie bisher daran fest, daß das *Deutsche Reich völkerrechtlich fortbestehe* u. mit der *BRepD (teil)identisch* sei; es verpflichtet sie erneut, am verfassungsrechtlichen *Wiedervereinigungsgebot* (nicht aber am politischen Alleinvertretungsanspruch) festzuhalten, u. zählt die DDR als Teil Deutschlands *zum Inland, nicht zum Ausland* („inter-se-Beziehungen" mit Interzonenhandel und staatsrechtlicher Grenze).

X. Vom Berlin-Konflikt zur Berlin-Regelung 1949–1972

1949

14. Mai Die 3 westlichen Stadtkommandanten erlassen das **Kleine Besatzungsstatut** *für West-Berlin* (revidiert am 7. 3. 51); denn die Westmächte hatten die im Grundgesetz vorgesehene Einbeziehung Berlins in die BRepD am 12. 5. suspendiert. Beratende Mitwirkung im Bundestag u. Bundesrat wird Berlin jedoch

zugebilligt; die BT-Abgeordneten delegiert das Berliner Parlament. – Am 15. 4. 50 eröffnet die Bundesregierung ihre Vertretung in West-Berlin (*„Bundeshaus"*).

Das Kleine Besatzungsstatut wird am 5. 5. 55 aufgehoben. ↑26. 5. 52 u. V. 14. 5. 55.

1950

7. März Das **Berlinhilfegesetz** der BRepD stärkt die Wirtschaftskraft West-Berlins durch Bundesgarantien (Warenbezug, Finanzbürgschaften u. Steuererleichterungen).

Die Berlinhilfe wird v. a. durch das am 19. 10. 48 eingeführte *„Notopfer Berlin"* finanziert; die Abgabepflicht erlischt bei natürlichen Personen am 1. 10. 56.

1. Okt. Die **neue West-Berliner Verfassung** tritt in Kraft. Art. 1 Abs. 2 u. 3, wonach Berlin ein Land der BRepD ist u. Grundgesetz u. Gesetze der BRepD bindend sind, werden aufgrund westlicher Vorbehalte vom 29. 8. 50 zeitweilig suspendiert. Die bisherige *Stadtverordnetenversammlung* wird durch das *Abgeordnetenhaus* ersetzt, der *Magistrat* durch den *Senat;* an seiner Spitze steht der *Regierende Bürgermeister* (seit 18. 1. 51 Reuter/SPD, nach seinem Tod am 29. 9. 53 Schreiber/CDU).

Mit der *Berlin-Klausel* versehene Bundesgesetze übernimmt das Abgeordnetenhaus durch Mantelgesetze. Ausgenommen sind Rechtsnormen, die dem Vier-Mächte-Status *widersprechen,* z. B. Wehrgesetze.

1952

26. Mai Anläßlich der Unterzeichnung des Deutschlandvertrags (↑IX. 26./27. 5. 52) wird das Kleine Besatzungsstatut durch ein **neues Berlin-Statut** ersetzt (in Kraft seit 5. 5. 55). – Tags darauf unterbricht die DDR die Telefonverbindung zwischen Ost- u. West-Berlin. Ab 15. 1. 53 verkehren nur noch U-Bahn u. S-Bahn durchgehend zwischen beiden Stadtteilen.

1953

17. Juni **Aufstand** *in Ost-Berlin u. in der DDR;* er wird von sowjetischen Truppen niedergeschlagen. ↑V. 17. 6. 53

1954

5. Dez. Die SED erhält bei den **Wahlen** *zum West-Berliner Abgeordnetenhaus* nur 2,7% der abgegebenen gültigen Stimmen.

Am 11. 1. 55 entsteht die *Große Koalition: Suhr* (SPD) wird zum Regierenden Bürgermeister, *Amrehn* (CDU) zum Bürgermeister gewählt.

1957

3. Okt.   **Brandt** (SPD) wird nach dem Tode Suhrs (30. 8. 57) *Regierender Bürgermeister,* am 12. 1. 58 auch *SPD-Landesvorsitzender in Berlin.*

Am 15. 10. 57 konstituiert sich der *3. Bundestag* in West-Berlin. Der BT hatte dort *erstmals* vom 19.–21. 10. 55 getagt, der BR am 15. 3. 56 u. das Bundeskabinett am 11. 10. 56.

1958

27. Nov.   **2. Berlinkrise:** In Noten an die 3 Westmächte, die BRepD u. die DDR kündigt die SU ihre *Vier-Mächte-Verantwortung für Deutschland u. Berlin* auf. Von der „faktischen Lage" ausgehend, betrachtet sie die alliierten Vereinbarungen über Berlin (44/45) „als nicht mehr in Kraft befindlich", zumal die Westmächte das Potsdamer Abkommen (↑I. 17. 7.–2. 8. 45) gebrochen hätten. Sie fordert, *binnen 6 Monaten West-Berlin zu entmilitarisieren* u. *als Freistadt in eine „selbständige politische Einheit" umzuwandeln;* sonst werde die SU mit der DDR einen *separaten Friedensvertrag* abschließen u. ihr die „Berlin-Rechte" (v. a. über die Zugangswege) übertragen.

Die Westmächte antworten am 31. 12. 58, sie seien zu Berlin-Verhandlungen bereit, nicht aber zur Aufgabe ihrer Berlin-Rechte unter einem Ultimatum. Die Bundesregierung lehnt am 5. 1. 59 die Schaffung einer „Freien Stadt" *(Dreistaatentheorie),* die damit verbundene Anerkennung der DDR u. die von ihr vorgeschlagene „Konföderation beider deutscher Staaten" ab. ↑10. 1. 59

Chruschtschows Moskauer *„Sportpalast-Rede"* vom 10. 11. 58 hatte die Berlinkrise angekündigt. US-Außenminister Dulles entwickelte daraufhin die *„Agententheorie":* Danach könnten DDR-Organe als „Beauftragte" der SU angesehen werden, sofern sie die Verantwortung für die alliierten Zugangswege erhalten.

1960

9. Sept.   Die **Einreise** *Westdeutscher nach Ost-Berlin* wird erschwert. Als Reisedokument für West-Berliner anerkennt die DDR ab 15. 9. 60 nur noch den *West-Berliner Personalausweis.*

1961

25. Juli   *Präsident Kennedy* betont in einer Rundfunkrede die Entschlossenheit der USA, West-Berlin zu verteidigen, notfalls atomar. Unabdingbar seien **„three essentials":** 1. die Anwesenheit westli-

cher Truppen; 2. der freie Zugang von u. nach Berlin; 3. die
Freiheit u. Lebensfähigkeit der Stadt.

13. Aug. *Bau der* **„Mauer"** *in Berlin* ↑VII. 13. 8. 61. – Seit 7. 9. 61 übt *Ost-
Berlin* als „Hauptstadt der DDR" die *Funktion eines Bezirks* aus.
Die SPD löst am 23. 8. 61 ihre in Ost-Berlin bestehende
Organisation auf. Die SED dagegen tritt seit 24. 11. 62 in West-
Berlin als formal selbständige Partei auf, seit 15. 2. 69 als
Sozialistische Einheitspartei West-Berlins (SEW).

1962

24. Jan. Das **Wehrpflichtgesetz** der DDR gilt uneingeschränkt auch in
Ost-Berlin. ↑XII. 24. 1. 62

17. Aug. Der 18jährige **Fechter** wird während eines Fluchtversuchs von
DDR-Grenzposten *verletzt u. verblutet an der „Mauer".* Die
DDR begründet den „Schießbefehl" u. a. mit Grenzverletzun-
gen durch Flüchtlinge.

23. Aug. Die **sowjetische Kommandantur** in Berlin wird *aufgehoben;* ihr
Vier-Mächte-Status gilt damit als beendigt. Ein *NVA-Offizier*
wird *„Stadtkommandant für die Hauptstadt der DDR"* mit Sitz in
Berlin-Karlshorst.

1963

21. Juni Die DDR richtet ein **„Grenzgebiet** *an der Staatsgrenze der DDR
zu West-Berlin"* ein u. sichert es durch einen 100 m breiten
„Schutzstreifen".
US-Präsident Kennedy besucht am 26. 6. 63 West-Berlin. Er
wird umjubelt u. bekennt sich zur Freiheit der Stadt. *(„Ich bin ein
Berliner".)*

17. Dez. DDR-Staatssekretär *Wendt* u. der West-Berliner Senatsrat *Korber* unterzeichnen mit Zustimmung der Bundesregierung das
1. Passierscheinabkommen. Es gestattet West-Berlinern *erstmals*
seit dem „Mauerbau", ihre Verwandten vom 19. 12. 63 – 5. 1. 64
in *„Berlin (Ost)/Hauptstadt der DDR"* zu besuchen.

1964

24. Sept. Ungeachtet politischer u. juristischer Meinungsunterschiede
schließen Wendt u. Korber ein **2. Passierscheinabkommen** für die
Dauer von 1 Jahr ab. Es ermöglicht West-Berlinern, Ost-Berliner
Verwandte in *4 Perioden* zu besuchen (30. 10. – 12. 11. 64; 19. 12.
64 – 3. 1. 65; 12. 4. – 25. 4. 65 = Ostern; 31. 5. – 13. 6. 65 =
Pfingsten); dringende Familienangelegenheiten werden von der
Passierscheinstelle für Härtefälle in West-Berlin (seit 1. 10.)
bevorzugt bearbeitet.

1965

7. April   Während einer *Sitzung des* **Bundestags** in West-Berlin sperren die
DDR-Behörden vorübergehend den *Interzonenverkehr* zu Lande
u. zu Wasser mit der Begründung, es fänden Truppenmanöver
mit der SU statt. Düsenjäger donnern im Tiefflug über die Stadt.

25. Nov.   Im **3. Passierscheinabkommen** wird ein Besuchszeitraum in Ost-
Berlin vom 18. 12. 65 – 2. 1. 66 festgelegt, im **4. Passierscheinabkommen** vom 7. 3. 66 für die Zeit vom 7. 4.– 20. 4. u. vom
23. 5.–5. 6. 66.

Weitere Passierscheinvereinbarungen zwischen Senat u.
DDR-Vertretern kommen *nicht* zustande; doch bleibt die Passierscheinstelle für dringende Familienangelegenheiten *(Härtefälle)* – von Unterbrechungen abgesehen – weiter tätig.

1966

14. Dez.   **Pastor Albertz** (SPD) wird nach dem *Rücktritt Brandts* zum
Regierenden Bürgermeister von Berlin *gewählt.* Er stellt nach den
Protestdemonstrationen anläßlich des Schah-Besuchs (2. 6. 67)
sein Amt am 26. 9. 67 zur Verfügung. Zu seinem Nachfolger
wählt das Abgeordnetenhaus am 19. 10. 67 **Schütz** (SPD).

Brandt war am 1. 12. 66 im Kabinett Kiesinger (CDU/CSU)
Vizekanzler u. Außenminister der BRepD in der Großen Koalition geworden.

1968

6. April   Die **neue DDR-Verfassung** stellt fest: „Die Hauptstadt der DDR
ist Berlin" (Art. 1 Abs. 2). Jedoch bestehen trotz der faktischen
Eingliederung in den Staatsverband *Sonderregelungen* für Ost-
Berlin fort. ↑VI. 6. 4. 68 u. XVII. 28. 6. 79

11./12.   Die DDR führt die **Paß- u. Visapflicht** *für Transitreisen* zwischen
Juni   der BRepD u. West-Berlin ein sowie eine *Steuerausgleichsabgabe
für den Transportverkehr.* Die Bundesregierung beschließt am
17. 6., diese Gebühren zu erstatten.

1971

31. Jan.   *Erstmals* seit 27. 5. 52 können Ost- u. West-Berliner wieder direkt
miteinander **telefonieren.** ↑26. 5. 52

3. Sept.   Das **Vier-Mächte-Berlin-Abkommen,** im alten Kontrollratsge-
bäude von den 3 Botschaftern der Westmächte in der BRepD und
dem sowjetischen Botschafter in der DDR unterzeichnet, regelt
das Berlin-Problem, ohne es zu lösen. Trotz unterschiedlicher
Rechtspositionen bringt es auf der Basis eines Gewaltverzichts
sowie alliierter Berlin-Rechte u. -Verantwortlichkeiten „*prakti-*

sche Verbesserungen der Lage". Der Transitverkehr von zivilen Personen u. Gütern zwischen West-Berlin u. der BRepD wird erleichtert, damit er unbehindert in der „einfachsten u. schnellsten Weise" vor sich geht; West-Berlin ist zwar kein konstitutiver Teil der BRepD, doch werden die „Bindungen" zwischen ihnen aufrechterhalten, weiterentwickelt u. die auswärtigen Vertretungsbefugnisse Bonns anerkannt; zwischen West-Berlin sowie Ost-Berlin/DDR werden die „Kommunikationen" verbessert, v. a. durch Besuchs-/Reisemöglichkeiten für West-Berliner. Die konkreten Regelungen in den Anlagen bedürfen z. T. noch innerdeutscher Durchführungsbestimmungen. ↑17. 12. u. 20. 12. 71

17. Dez.   Das **Transitabkommen** zwischen beiden deutschen Staaten regelt den *zivilen Durchreiseverkehr* zwischen der BRepD u. West-Berlin als *ergänzende innerdeutsche Vereinbarung* zum Vier-Mächte-Berlin-Abkommen. ↑IX. 17. 12. 71

20. Dez.   *Vereinbarung* zwischen dem West-Berliner Senat u. der DDR-Regierung über Erleichterungen u. Verbesserungen des **Reise- u. Besucherverkehrs** sowie über die Regelung der Frage von **Enklaven durch Gebietsaustausch.** – Erstmals seit dem ↑13. 8. 61 können West-Berliner wieder *generell* Ost-Berlin u. die DDR besuchen.

Am 30. 8. 72 wird die *West-Berliner Exklave Steinstücken* durch eine (bisher auf DDR-Gebiet liegende) Straße mit dem Bezirk Zehlendorf verbunden.

1972

3. Juni   Das **Vier-Mächte-Berlin-Abkommen** tritt mit den *ergänzenden innerdeutschen Vereinbarungen* u. den **Ostverträgen** der BRepD in Kraft. ↑IX. 3. 6. 72

XI. Planwirtschaft und Sozialisierung 1950–1972

1950

1. Mai   Das **Gesetz der Arbeit,** das am Maifeiertag in Kraft tritt, begründet u. kodifiziert das *sozialistische Arbeitsrecht*: Rechte u. Pflichten der Werktätigen, Bestimmungen über Arbeits- u. Kündigungsschutz, Berufsausbildung, Arbeitsproduktivität, materielle u. kulturelle Verbesserungen, Urlaub u. v. m. Es garantiert jedem Bürger einen seinen Fähigkeiten entsprechenden u. zu-

mutbaren *Arbeitsplatz mit gleichem Lohn für gleiche Arbeit.* Es fördert den sozialistischen Wettbewerb *(Aktivistenbewegung)* u. sieht in den *Gewerkschaften* gesetzliche Vertreter der herrschenden Arbeiterklasse.

30. Aug. –3. Sept. Der **3. FDGB-Kongreß** in Berlin bekennt sich zur führenden Rolle der SED, zum Marxismus-Leninismus, zur Freundschaft mit der SU, zum Sozialismus u. zur Planerfüllung als gesellschaftspolitischen Leitzielen. Das *„Nurgewerkschaftertum"* wird verworfen; denn Staats-, Partei- u. Gewerkschaftsinteressen seien identisch. – Der FDGB wird so zum *Erfüllungsgehilfen der SED* („Transmissionsriemen").

28. Sept. *Aufnahme der DDR in den* **Rat für Gegenseitige Wirtschaftshilfe** (RGW/Comecon).

Der RGW war am 18. 1. 49 in Moskau von Bulgarien, der ČSR, Polen, Rumänien, der SU u. Ungarn mit dem Ziel gegründet worden, einen sozialistischen Weltmarkt zu schaffen u. so Nachteile westlicher Wirtschaftspolitik (u. a. Marshall-Plan, Embargo-Maßnahmen) zu kompensieren. Die Mitgliedstaaten sollen ihre Wirtschaftspläne koordinieren u. ihre nationale Produktion nach überregionalen Schwerpunkten spezialisieren, die DDR z. B. auf Industrieausrüstungen u. den Maschinenbau.

Der RGW entsteht als zwischenstaatliche Organisation *ohne supranationale* Rechte. Er gibt sich erst am 14. 12. 59 ein Statut. *Wichtigste Organe:* Ratstagung der Regierungschefs, Exekutivkomitee der stellvertretenden Ministerpräsidenten (seit Juni 62) u. das Sekretariat als Vorbereitungs-, Vollzugs- u. Verwaltungsorgan. ↑22. 10. 63

8. Nov. Das *Ministerium für Planung* wird in die **Staatliche Plankommission** umgewandelt, die als Organ des Ministerrats für die *zentrale Wirtschaftslenkung* (langfristige u. Jahresvolkswirtschaftspläne) u. ihre Kontrolle zuständig ist. Aus dem bisherigen *Industrieministerium* entstehen *3 Ministerien neu:* für Schwerindustrie, Maschinenbau u. Leichtindustrie.

1951

26. April Die *Selbstverwaltung der* **Sozialversicherung** wird eingeführt. Die Leitung u. Kontrolle der Sozialversicherungsanstalt erhält der **FDGB.**

Auf Weisung der SMAD vom 28. 1. 47 war in der SBZ ein *einheitliches* System der Sozialversicherung geschaffen u. so ihre Zersplitterung in einzelne Kassen beseitigt worden.

20. Sept.   Abschluß des **Berliner Abkommens** zwischen den Währungsge-
            bieten der DM-West u. DM-Ost. ↑IX. 20. 9. 51
1. Nov.   Mit dem **1. Fünfjahrplan 51–55** beginnt die *zentrale staatliche
            Planwirtschaft.* Die Industrieproduktion soll – verglichen mit 50 –
            verdoppelt, die Arbeitsproduktivität um 60% gesteigert, der
            Vorkriegslebensstandard überschritten werden. Hauptziel ist die
            Umstrukturierung der Volkswirtschaft mit ihren Disproportio-
            nen. *Schwerpunkte:* Aufbau der „metallurgischen Basis" (v. a.
            Eisenhüttenkombinat Ost bei Fürstenberg/Oder), Ausbau der
            Grundstoff- und Schwerindustrie (v. a. Walz- u. Stahlwerke,
            Maschinen- u. Schiffbau), Verbesserung der sozialistischen Pro-
            duktionsverhältnisse, z. B. „Feldzüge für strengste Sparsam-
            keit", Wettstreit um den Titel „Brigade der ausgezeichneten
            Qualität".
                Für die langfristige Wirtschaftsplanung ist die *Staatliche Plan-
            kommission* zuständig. Die meisten VVB werden aufgelöst, die
            größeren VEB unmittelbar Industrieministerien unterstellt. *Be-
            triebskollektivverträge* (BKV) zwischen Werks- u. Betriebsge-
            werkschaftsleitungen u. „freiwillige" *Rationalisatoren- u. Aktivi-
            stenarbeit* (z. B. Franik- oder Hockauf-Bewegung in Kohleberg-
            bau bzw. Textilindustrie) dienen der Planerfüllung nach sowjeti-
            schem Vorbild. Der Leistungslohn wird gemäß *Technischen
            Arbeitsnormen (TAN)* nach Akkordsätzen berechnet. ↑III. 17. 4.
            48 u. 29. 3. 49

1952
12. Juli   Die *II. Parteikonferenz der SED* beschließt, die privaten Bauern-
           wirtschaften in **Landwirtschaftliche Produktionsgenossenschaf-
           ten** (LPG) zu überführen. Damit beginnt die *Kollektivierung.* Sie
           gilt als freiwillig, wird jedoch politisch-administrativ favorisiert u.
           häufig erzwungen.
               Es entstehen *3 Organisationsformen* des genossenschaftlich-
           kollektivwirtschaftlichen Eigentums auf dem Lande: **Typ I** nutzt
           nur das Ackerland gemeinsam, evtl. auch Grünland u. Wald; **Typ
           II** nutzt *Land, Zugkräfte, Maschinen* u. *Geräte* gemeinsam; **Typ
           III** nutzt den *gesamten* landwirtschaftlichen Betrieb einschließlich
           Gebäuden gemeinsam; eine persönliche Hauswirtschaft bis ½ ha
           Land mit entsprechender Tierhaltung ist erlaubt. Die MAS
           werden in *Maschinen-Traktoren-Stationen* (MTS) überführt.

1953
30. April In den volkseigenen Betrieben u. in den Verwaltungen werden

Konfliktkommissionen als *gesellschaftliche Organe der Rechtspflege* aufgebaut. Sie verhandeln in der Regel vor den Kreis- u. Bezirksarbeitsgerichten über *Arbeitsstreitfälle.* – Ab 60 entscheiden sie auch über *kleinere Straftaten.*

1954

1. Jan. Die SU verzichtet „in jeder Form" auf *weitere* **Reparationen** u. übergibt die *letzten* **SAG** unentgeltlich an die DDR; die SAG *Wismut* (Uranbergbau) erhält den Status einer sowjetisch-deutschen Aktiengesellschaft (SDAG). Die *Besatzungskosten* werden auf 5% der Einnahmen des Staatshaushalts begrenzt.

Die bis 1950 rigorose Reparationspolitik der SU hatte wesentlich dazu beigetragen, daß die DDR-Wirtschaft in ihrer Entwicklung stark gehemmt u. belastet worden war.

1957

21. März Der Ministerrat verabschiedet ein **Kohle-** (v. a. Braunkohle-) **Programm** als *1. komplexes Industriezweigprojekt;* es soll Lücken bei der Energieversorgung schließen.

Der am 6. 6. 57 beschlossene **Forschungsrat** (Beirat für naturwissenschaftlich-technische Forschung u. Entwicklung) erhält als Organ des Ministerrats beim neuen Staatssekretariat für Forschung die Aufgabe zugewiesen, „komplexe" Wirtschaftsprojekte mittel- u. langfristig mit Hilfe des „wissenschaftlich-technischen Fortschritts" durchzuführen.

1958

9. Jan. Die Volkskammer verabschiedet den **2. Fünfjahrplan 56–60.** Er soll die industrielle Produktion u. Arbeitsproduktivität um ca. 50%, die Konsumgüterproduktion um 40% erhöhen; Vorrang haben die Schwer-, Energie-, Bau- u. chemische sowie elektronische Industrie. Leitziel ist, mit Hilfe der „Modernisierung, Mechanisierung, Automatisierung" eine „neue industrielle Umwälzung" auf der Basis der „sozialistischen Produktionsverhältnisse" einzuleiten.

Betriebe mit *staatlicher Beteiligung* (BSB), *Produktionsgenossenschaften des Handwerks* (PGH) und *Kommissionsverträge* mit privaten Einzelhändlern u. Gaststätten werden verstärkt gefördert, um die Mittelschichten fortschreitend in die sozialistische Umgestaltung einzubeziehen u. damit den „sozialistischen Sektor" auszuweiten.

Die nationalen Volkswirtschaftspläne werden immer stärker mit Zielsetzungen des RGW abgestimmt; an die Stelle der bisher

v. a. bilateralen Zusammenarbeit zwischen RGW-Staaten tritt mehr u. mehr ihre *„internationale sozialistische Arbeitsteilung".* – Die VII. Tagung des RGW vom 18.–25. 5. 56 – er tagte erstmals in Ost-Berlin – hatte *Ständige Kommissionen* eingesetzt, die regionale „Spezialisierungs- und Kooperationsempfehlungen" entwarfen.

9. Jan.   Das *Gesetz über den* **Außenhandel** verankert das Außenhandelsmonopol des Staates.

11. Febr. Das *Gesetz über die Vervollkommnung u. Vereinfachung der Arbeit des* **Staatsapparats** ändert Formen u. Methoden der volkswirtschaftlichen zentralen Leitung u. Planung, für die der Ministerrat u. seine Staatliche Plankommission verantwortlich sind. Die wirtschaftsleitenden *Industrieministerien* werden *aufgelöst;* die Betriebe schließen sich erneut zu *Vereinigungen Volkseigener Betriebe* (VVB) zusammen; die *Bezirke* erhalten durch *Wirtschaftsräte,* die *Kreise* durch *Plankommissionen* größeren Bewegungsspielraum. Der *FDGB* ist für die Arbeitsschutzkontrolle zuständig u. bei allen Planungsfragen zu konsultieren. ↑1. 11. 51

28. Mai   Die **Lebensmittelkarten** werden *abgeschafft,* die letzten Rationierungen für Fleisch, Fett u. Zucker aufgehoben. Die damit verbundenen *Preissteigerungen,* von denen staatlich subventionierte Grundnahrungsmittel wie Brot u. Kartoffeln ausgenommen bleiben, gleichen *Lohn-, Gehalts- u. Rentenerhöhungen* weitgehend aus.

Die bessere Versorgung mit Konsumgütern u. das erhöhte Angebot an preisgünstigen Wohnungen entspannen das politische Klima in der DDR u. konsolidieren das SED-Regime.

3./4. Nov. Eine *zentrale Chemiekonferenz* des ZK der SED u. der Staatlichen Plankommission beschließt das **Chemieprogramm.** Es soll die chemische Produktion in Zusammenarbeit mit RGW-Staaten, die Erdöl liefern, bis 65 *verdoppeln* („Chemie gibt Brot, Wohlstand u. Schönheit").

Die Ergebnisse in der Petrochemie entsprechen nicht den Erwartungen.

1959

1. Okt.   Die Volkskammer beschließt den **Siebenjahrplan 59–65,** der an die Stelle des abgebrochenen 2. Fünfjahrplans 56–60 tritt. Hauptaufgaben sind: 1. Die *„sozialistische Rekonstruktion"* als Modernisierung von Technologien u. Maschinen, ihre Typisierung u. Standardisierung; 2. die *„sozialistische Territorialstruktur"* als

verbesserte Standortverteilung von Industriezentren; 3. *„Ständige Produktionsberatungen"* der Belegschaft u. Vertragsabschlußpflicht der Betriebe zur Kontrolle der Planerfüllung; 4. die *„sozialistische Brigadebewegung"* zur Förderung des Wettbewerbs („Sozialistisch arbeiten, lernen u. leben"); 5. *Westdeutschland* im Pro-Kopf-Verbrauch *einzuholen u. zu überholen.*

Der unrealistische Plan wird abgebrochen. ↑25. 6. 63

1960

14. April   Die **Kollektivierung der Landwirtschaft** in der DDR wird *abgeschlossen,* vielfach unter Zwang u. Kadereinsatz („Industriearbeiter aufs Land"; Agitationskampagnen an „Landsonntagen"). Die Volkskammer spricht am 25. 4. 60 von einem unwiderruflichen Sieg der sozialistischen Produktionsverhältnisse auf dem Lande *(„Sozialistischer Frühling").*

Rostock war am 4. 3. 60 der *1. Bezirk,* wo sich alle Bauern in LPG zusammengeschlossen hatten (Motto: „De Appel is riep"); als letzter folgte der Bezirk Karl-Marx-Stadt.

Die LPG erhalten die *Landmaschinen* entweder *kostenlos* (Typ III) oder gegen *Bezahlung* (Typ I). Nach dieser „Vereinigung von Boden u. Technik" werden die MTS in *Reparatur- u. Technische Stationen* (RTS) umgewandelt; viele Techniker u. Traktoristen treten in LPG ein.

Nach dem *Gesetz über die landwirtschaftlichen Produktionsgenossenschaften* vom 3. 6. 59 bleibt der Grund u. Boden persönliches Eigentum der Mitglieder; der LPG steht nur das Bodennutzungsrecht zu. Ehrliche u. gewissenhafte Arbeit ist oberstes Gebot für jedes Mitglied; es ist schadenersatzpflichtig, falls es seine genossenschaftliche Verantwortung mißachtet. Die Arbeit wird gemäß **Musterstatuten** nach dem *Leistungsprinzip* vergütet; jedes Mitglied einer LPG Typ III darf ½ ha Boden persönlich bewirtschaften.

1961

12. April   Das **Gesetzbuch der Arbeit** (GBA), dessen Entwurf zur Volksdiskussion gestellt worden war, kodifiziert die Rechte u. Pflichten der Werktätigen. Das Gesetz der Arbeit vom 19. 4. 50 tritt außer Kraft. ↑1. 5. 50

Alle Werktätigen erhalten das *Recht auf einen Arbeitsplatz,* der ihren Fähigkeiten gerecht wird, sowie auf eine Bezahlung, die der geleisteten Arbeit quantitativ u. qualitativ entspricht.

1963

25. Juni Der Ministerrat führt das **Neue Ökonomische System** *der Planung u. Leitung der Volkswirtschaft* (NÖS) ein. Die *Staatliche Plankommission* entwirft den langfristigen Perspektivplan für 5–7 Jahre, der am 5. 7. 61 beschlossene *Volkswirtschaftsrat* die Jahrespläne, die er mit den VVB als Konzernspitzen der volkseigenen Betriebe abstimmt. Diese *Dezentralisierung* soll das ökonomische System flexibler u. leistungsfähiger machen; Qualität tritt an die Stelle von quantitativen Kennziffern *(Tonnenideologie)*. Die VVB erhalten mehr Selbstverwaltung u. -verantwortung, die einzelnen VEB größeren Spielraum, z. B. bei der Materialbeschaffung, Kreditaufnahme, Rechnungsführung, Preisgestaltung u. Absatzförderung. Leistungsanreize sollen die *„materielle Interessiertheit"* fördern, so z.B. Betriebsgewinne u. Prämien. Selbstkosten, Preise, Gewinne, Kredite, Löhne u. Prämien bilden ein einheitliches *„System der ökonomischen Hebel"*. – Denkanstöße waren von der sowjetischen *Liberman-Diskussion* ausgegangen.

Die am 14. 5. 63 beschlossene **Arbeiter-und-Bauern-Inspektion** (ABI) ersetzt die *Zentrale Kontrollkommission* (↑III. 30. 6. 48). Die ABI, die dem Ministerrat u. ZK der SED untersteht u. mit den Gewerkschaften u. der FDJ zusammenarbeitet, überwacht die Durchführung der SED- u. staatlichen Beschlüsse u. dient der Selbsterziehung der Arbeiter in Industrie, Landwirtschaft u. Verkehrswesen (z. B. durch Komplexwettbewerb, Rationalisierung, Materialeinsparung). – Bereits am 26. 2. 63 hatte die SED beschlossen, ein Büro zur Leitung der Parteiarbeit in der Industrie *(ZK-Sekretär Mittag)* u. in der Landwirtschaft *(ZK-Sekretär Grüneberg)* zu bilden.

Nach wirtschaftlichen *Rückschlägen* wird am 14. 1. 66 die Planung erneut **zentralisiert:** Der *Volkswirtschaftsrat* wird aufgelöst; an seine Stelle treten wieder *Industrieministerien* als zentrale Organe des Ministerrats *(2. Etappe des NÖS)*.

22. Okt. Die RGW-Staaten gründen in Moskau die **Internationale Bank für Wirtschaftliche Zusammenarbeit** (IBWZ) zur multilateralen Verrechnung ihres Handels- u. Finanzverkehrs ab 1. 1. 64. Währungseinheit ist der Transfer-Rubel auf Goldbasis *(„Rubel-Block")*. – Vorher waren die Zahlungsbilanzen der RGW-Länder in der Regel *bilateral über Clearingkonten* ausgeglichen worden. ↑28. 9. 50.

Durch ein *Warenaustauschabkommen* vom 22. 3. 63 war die DDR zum *größten Außenhandelspartner* der SU geworden.

1965

3. Dez. Die DDR schließt mit der *SU ein langfristiges* **Handelsabkommen** ab: Die SU liefert v. a. Rohstoffe (Erdöl, Eisenerz, Kohle, Holz), die DDR Maschinen u. Ausrüstungen. ZK-Mitglied *Apel*, Vorsitzender der Staatlichen Plankommission u. Inspirator des NÖS, nimmt sich am gleichen Tage in Berlin das Leben, da er das Handelsabkommen, das die DDR benachteiligt u. von der SU wirtschaftlich abhängig macht, ablehnt. ↑VIII. 16. 3. 66

1967

27. Mai Der neue **Perspektivplan 66–70** soll die industrielle Produktion u. Arbeitsproduktivität gegenüber 65 um ca. 140% steigern. Schwerpunkt wirtschaftlicher Aktivitäten sind die Petrochemie, die Elektronik/EDV sowie der Städtebau (alte Stadt- u. neue Wohnzentren). Die nationale Volkswirtschaft soll im Rahmen des RGW gestaltet werden u. die Landwirtschaft den Bedarf an Agrarprodukten weitgehend selbst decken.

In der Industrie entstehen *Kombinate* (Zusammenschlüsse von Einzel-, später auch Großbetrieben) u. *Kooperationsverbände*, in der Landwirtschaft *Kooperationsräte* von LPG mit dem Ziel, die Produktion auf höchstem wissenschaftlich-technischen Niveau zu konzentrieren, zu spezialisieren u. zu automatisieren. Die Fünf-Tage-Arbeitswoche wird schrittweise eingeführt. ↑28. 8. 67

Wesentliche Ziele des Fünfjahrplans werden *nicht erfüllt*, z. B. in den beiden letzten Jahren. Störanfällig sind v. a. die Rohstoffversorgung, die Energiewirtschaft u. die Zulieferindustrie, so daß es zu Produktionsausfällen, Versorgungsschwierigkeiten (v. a. bei Konsumgütern) u. zu Exportrückständen kommt. Die Möglichkeiten, Kohle durch Erdöl u. Metalle durch Kunststoffe zu substituieren u. die EDV einzuführen, werden überschätzt.

28. Aug. Die **5-Tage-Woche** *wird eingeführt*, der *Mindesturlaub erhöht*. Bereits seit Apr. 66 war *jede 2. Woche* nur noch an 5 Tagen gearbeitet worden.

1970

14. Mai Das **Landeskulturgesetz** regelt den *Umwelt-* u. *Landschaftsschutz*. Es enthält Vorschriften zur Reinhaltung von Boden, Wasser u. Luft; auch legt es Lärmgrenzwerte fest.

1971

27.–29. Die XXV. Tagung des RGW in Bukarest beschließt das **Kom-**
Juli

plexprogramm: Die wirtschaftliche u. wissenschaftlich-technische Zusammenarbeit soll vertieft u. die sozialistische ökonomische Integration der Mitgliedsländer entwickelt werden, um die *internationale sozialistische Arbeitsteilung* planmäßig zu gestalten u. das ökonomische Niveau der nationalen Wirtschaften etappenweise aneinander anzupassen. – Die *Internationale Investitionsbank* (IIB) finanziert ab 1. 1. 71 Investitionsprojekte, aber auch Hilfeleistungen des RGW für Entwicklungsländer.

Die DDR beteiligt sich u. a. an folgenden Organisationen des RGW: *Intersputnik* (Kosmische Fernmeldeverbindungen), *Interatominstrument* (Kerntechnischer Gerätebau), *Interatomenergo* (Bau von Kernkraftwerken), *Interelektro* (Elektrotechnik), *Intertextilmasch* (Textilindustrie).

20. Dez. Der **Fünfjahrplan 71–75** sieht ein Wachstum der industriellen Warenproduktion um 134 %, der Arbeitsproduktivität um 135 % u. des Realeinkommens pro Kopf um 122 % vor. Die *Wissenschaftlich-Technische Revolution* (WTR) soll im Rahmen des sozialistischen Wirtschaftssystems dazu beitragen, das „materielle u. kulturelle Lebensniveau des Volkes" zu erhöhen. Investitionen sind v. a. bei der Energieproduktion u. beim Wohnungsbau geplant; als wichtigster Energieträger gilt die einheimische *Braunkohle.*

Die Zusammenarbeit im RGW vertiefen *„Gemeinschaftsprojekte"* (z. B. Erdgas- u. Erdölleitungen) sowie gemeinsame Forschungsvorhaben, v. a. mit der Sowjetunion.

Trotz der weltweiten Rohstoff- u. Ölpreiskrise mit ihren außenwirtschaftlichen Belastungen werden die Kennziffern des Fünfjahrplans erfüllt, z. T. überboten, v. a. durch neue Wettbewerbsinitiativen („Planmäßig produzieren – klug rationalisieren – uns allen zum Nutzen!"). Die DDR gehört zu den größten Industriestaaten u. steht im Lebensstandard an der Spitze aller kommunistisch regierten Staaten.

1972
Febr. **Abschluß der industriellen Sozialisierung:** SED u. Ministerrat beschließen die Umwandlung von Betrieben mit Staatlicher Beteiligung (BSB), privaten Industrie- u. Bauunternehmen in *Volkseigentum.* Die Betriebe/Betriebsanteile werden bis Juni 72 gekauft. Damit sind 99,4 % der industriellen Bruttoproduktion sozialisiert worden.

Seit Febr. 76 wird das selbständige private Handwerk u.

Kleingewerbe v. a. aus Versorgungs- u. Beschäftigungsgründen
wieder neu gefördert.

XII. Von der Kasernierten Volkspolizei zur Nationalen Volksarmee

1948

3. Juni   Die *Deutsche Verwaltung des Innern* (↑II. 27. 7. 45) bildet die
Hauptabteilung Grenzpolizei u. Bereitschaften (GP/B). Sie stellt
militärähnliche Einheiten der Volkspolizei auf: die **Kasernierte
Volkspolizei** (KVP).

1950 wird zunächst die Seepolizei, dann die Luftpolizei aufgebaut, d. h. die Marine u. Luftwaffe der KVP.

1950

8. Febr.   Zur Bildung des **Ministeriums für Staatssicherheit** ↑V. 8. 2. 50 u.
23. 7. 53.

1952

7. Aug.   Unter der Verantwortung des Ministeriums des Innern wird die
Gesellschaft für Sport u. Technik (GST) gegründet. Sie dient als
„demokratische Massenorganisation" v. a. zur paramilitärischen
Ausbildung von Jugendlichen.

1. Okt.   **Kasernierte Volkspolizei** u. **Grenzpolizei** erhalten *militärische
Dienstgrade* u. *olivbraune Uniformen*. Zuvor waren *Armeekorps*
als „Territoriale Verwaltungen" geschaffen worden.

1953

1. Juli   Aus den *Betriebskampfgruppen* (ursprünglich „Friedenswach-
ten" u. „Arbeiterwehren" geheißen) werden straff organisierte
paramilitärische **„Kampfgruppen der Arbeiterklasse"** gebildet.
↑V. 17. 6. 53

1955

25. Jan.   Die *SU beendigt den* **Kriegszustand** *mit Deutschland.*

14. Mai   In Warschau unterzeichnen Albanien, Bulgarien, die DDR,
Polen, Rumänien, die SU, die ČSR u. Ungarn den *Vertrag über
Freundschaft, Zusammenarbeit u. gegenseitigen Beistand.* Dieser
Warschauer Pakt will als Reaktion auf die ratifizierten Pariser
Verträge u. in Übereinstimmung mit der UN-Charta den Welt-
frieden u. die Sicherheit gewährleisten, aber auch zur Abrüstung
beitragen. Die Vertragspartner sind zu Konsultationen in allen
wichtigen internationalen Fragen gemeinsamen Interesses verpflichtet u. im Falle eines bewaffneten Überfalls in Europa auf

einen oder mehrere Signatarstaaten zum sofortigen kollektiven Beistand „mit allen Mitteln", u. a. militärischer Gewalt. Sie bilden ein *Vereinigtes Kommando* u. als höchstes Entscheidungsgremium den *Politischen Beratenden Ausschuß* („Gipfeltreffen"). Anderen friedliebenden Staaten steht der Beitritt zum Pakt offen. – Zur Verlängerung ↑XIX. 26. 4. 85.

Albanien, dessen Mitgliedschaft seit 1. 2. 62 ruht, tritt am 13. 9. 68 aus dem Pakt aus.

1956

18. Jan.   Das *Gesetz über die Schaffung der* **Nationalen Volksarmee** *u. des Ministeriums für Nationale Verteidigung* überführt die Verbände der Kasernierten Volkspolizei in die NVA. An die Stelle der *olivbraunen* tritt die *feldgraue* Uniform.

Am 19. 1. 56 wird *Stoph* Minister für Nationale Verteidigung, ab 14. 7. 60 *Hoffmann*, ab 3. 12. 85 *Keßler*.

28. Jan.   Der *Politische Beratende Ausschuß* beschließt in *Prag,* die **NVA** in die Streitkräfte der **„Warschauer Vertragsorganisation"** (WVO) *einzubeziehen* u. – auch in Friedenszeiten – dem *Vereinten Oberkommando zu unterstellen.*

1957

12. März   Die SU u. die DDR schließen ein Abkommen über die *zeitweilige* **Stationierung** *sowjetischer Truppen* ab (*Gruppe der Sowjetischen Streitkräfte in Deutschland:* GSSD). – Ab 1. 1. 59 verzichtet die SU auf *Stationierungskosten.*

1960

10. Febr.   Das *Gesetz über die Bildung des* **Nationalen Verteidigungsrats** überträgt dem NVR im Falle einer *äußeren Gefahr* u. eines *inneren Notstands* alle Vollmachten zum Schutz der DDR. Vorsitzender wird Ulbricht.

1961

13. Aug.   Zum Bau der **„Mauer"** in Berlin ↑VII. 13. 8. 61.

20. Sept.   Das **Verteidigungsgesetz** regelt die Organisation der Verteidigungs-' u. Sicherheitsmaßnahmen, deren „einheitliche Leitung" künftig dem *NVR* obliegt. Der Staatsrat erklärt den Verteidigungszustand.

Das Verteidigungsgesetz wird am 13. 10. 78 präzisiert u. konkretisiert.

1962

24. Jan.   Das **Wehrpflichtgesetz** führt die *allgemeine Wehrpflicht* für männliche Bürger zwischen dem 18. u. 50. Lebensjahr ein. Der

Grundwehrdienst dauert 18 Monate. Im Verteidigungsfalle übernimmt der Vorsitzende des *NVR* den Oberbefehl über alle bewaffneten Organe. *Das Gesetz gilt auch in Ost-Berlin.*

Es gibt *kein Recht auf Kriegsdienstverweigerung,* auch keinen zivilen Ersatzdienst, wohl aber die Möglichkeit, Bürger zum waffenlosen Dienst in Baueinheiten der NVA *(„Bausoldaten")* oder zu einem „bewaffneten Wehrersatzdienst" in der Zivilverteidigung heranzuziehen. „Totalverweigerer" werden bestraft. Zum Fall Nico Hübner ↑XIX. 7. 7. 78.

1963

8. Aug. Die DDR unterzeichnet das **Atomteststoppabkommen**, das alle Kernwaffenversuche verbietet, unterirdische ausgenommen.

Der *Vertrag über das Verbot von Kernwaffenversuchen* in der Atmosphäre, im Weltraum u. unter Wasser war am 5. 8. 63 in Moskau von den USA, von der SU u. von England unterzeichnet worden. Die BRepD tritt am 19. 8. 63 bei, jedoch unter dem Vorbehalt, daß sie damit die Eigenstaatlichkeit der DDR nicht anerkenne.

1968

21. Aug. Teilnahme der NVA an der ČSSR-Intervention. ↑VIII. 21. 8. 68

1. Juli Die DDR unterzeichnet den *Vertrag über die* **Nichtverbreitung von Kernwaffen** (Non-Proliferation), den die USA, die SU u. England am gleichen Tage abgeschlossen haben. Er verbietet, Kernwaffen an Nichtkernwaffenstaaten weiterzugeben oder ihnen bei ihrer Produktion zu helfen. – Die BRepD unterzeichnet am 28. 11. 69, stellt jedoch u. a. klar, daß sie damit die DDR nicht anerkenne.

Der Vertrag über das *Verbot der Stationierung von Kernwaffen* u. *anderen Massenvernichtungswaffen auf dem Meeresgrund* u. *Ozeanboden* vom 11. 2. 71 sowie die Konvention über das *Verbot der Entwicklung, Herstellung u. Lagerung von bakteriologischen u. Toxin-Waffen* vom 10. 4. 72 werden am gleichen Tage von der DDR unterzeichnet.

XIII. Familien-, Jugend-, Bildungs- und Kulturpolitik

1949

31. März Die *DWK-Verordnung* „Über die Erhaltung u. die Entwicklung von Wissenschaft u. Kultur" will die **„Lage der Intelligenz"** verbessern. Die *Universitäten u. Hochschulen* werden beschleunigt wiederaufgebaut. Aus Vorstudienanstalten entstehen *Arbeiter- u. Bauernfakultäten* (ABF); ihr Besuch setzt eine abgeschlossene Grundschul- u. Berufsausbildung sowie besondere Leistungen in der Praxis voraus. Die *Deutsche Akademie der Wissenschaften* wird reorganisiert, die *Akademie der Künste* geschaffen. Neu gestiftete *„Nationalpreise"* sollen hervorragende wissenschaftliche oder künstlerische Leistungen auszeichnen.

1950

8. Febr. Das **1. Jugendgesetz** regelt die „Teilnahme der Jugend beim Aufbau der DDR". Förderungsmaßnahmen sind in Schule u. Beruf, bei Sport u. Erholung vorgesehen. Die FDJ gilt als Sachwalterin der Jugend.

Das **Volljährigkeitsalter** wird am 17. 5. 50 auf *18 Jahre herabgesetzt.*

27. Sept. Das *Gesetz über den Mutter- u. Kinderschutz u. die Rechte der Frau* geht von der **Gleichberechtigung der Frau** in Beruf, Gesellschaft, Ehe u. Familie aus. Beide Ehegatten entscheiden gleichberechtigt in allen die Familie u. die Kinder betreffenden Angelegenheiten.

1951

19. Jan. Das ZK der SED beschließt eine **Universitäts- u. Hochschulreform** nach sowjetischem Muster. *(„Erstürmt die Festung Wissenschaft!")* Das *10-Monate-Studienjahr* u. ein *festes Kurssystem* mit präzisen Studien- u. Stoffplänen wird eingeführt; das *gesellschaftswissenschaftliche Grundstudium* (Marxismus-Leninismus) ist fortan für alle Fächer obligatorisch.

5.–19. Aug. Die **III. Weltfestspiele** *der Jugend u. Studenten* (Festival) finden *erstmals* in *Ost-Berlin* statt. Träger ist der *Weltbund der Demokratischen Jugend*, gegr. am 10. 11. 45 in London als internationale, antifaschistische Jugendorganisation.

1952

22.–25. Mai Der **Schriftstellerverband** (Vorsitz: Seghers), der sich zum „sozialistischen Realismus" bekennt, konstituiert sich auf seinem

III. Kongreß als *selbständige Organisation* außerhalb des „Kulturbunds". ↑II. 3. 7. 45

Stalin hatte von den Schriftstellern gefordert, sie sollten sich als „Ingenieure der menschlichen Seele" am Prinzip des *„sozialistischen Realismus"* orientieren, d. h. Parteilichkeit, Wahrheitstreue, Konkretheit, Volksverbundenheit u. Volkstümlichkeit an die Stelle bürgerlicher Kunst (Formalismus, Dekadenz, Ästhetizismus, Kosmopolitismus u. a.) setzen.

1955

27. März   In Ost-Berlin wird *erstmals die* **Jugendweihe** als Festakt zelebriert. Mit dem Gelöbnis auf die DDR, die Freundschaft mit der SU u. den Sozialismus sollen die Jugendlichen den *Kirchen* (Konfirmation, Kommunion) entfremdet werden.

1958

1. Sept.   Mit Beginn des neuen Schuljahrs wird in den Klassen 7–12 der **Polytechnische Unterricht** eingeführt. Die Schüler sollen nicht nur *theoretisch* ausgebildet werden, sondern auch *praktisch* in der sozialistischen Produktion.

1959

15.–17.   Das ZK der SED beschließt *Thesen* über die *„sozialistische*
Jan.   *Entwicklung des Schulwesens"*. Die allgemeinbildende 10klassige **polytechnische Oberschule** (POS) wird bis 64 obligatorisch.

24. April   Die **I. Bitterfelder Konferenz** im Kulturpalast des Elektrochemischen Kombinats ruft Künstler u. Schriftsteller auf, das *„Heldentum der Arbeit"* zu feiern. Sie ermuntert Arbeiter, als Laien zu schreiben, zu malen u. zu musizieren. („Greif zur Feder, Kumpel, die sozialistische Nationalliteratur braucht dich.")

Die *II. Bitterfelder Konferenz* vom 24.–25. 4. 64 stellt fest, die Erwartungen seien nicht voll erfüllt worden.

1964

4. Mai   Das **2. Jugendgesetz** über die Teilnahme der Jugend am Kampf für den umfassenden Aufbau des Sozialismus dient dazu, Jugendliche allseitig „bei der Leitung der Volkswirtschaft u. des Staates, in Beruf u. Schule sowie bei Körperkultur u. Sport" zu fördern.

Die SED hatte gefordert, der „Jugend Vertrauen u. Verantwortung" entgegenzubringen.

1965

25. Febr.   Das *Gesetz über das einheitliche sozialistische Bildungssystem* **(Bildungsgesetz)** will „allseitig u. harmonisch entwickelte sozialistische Persönlichkeiten" heranbilden, wie sie der „umfassende

Aufbau des Sozialismus" erfordert. Bestandteile des durchlässigen Bildungssystems sind: 1. die *Vorschulerziehung* in Kinderkrippen (bis 3. Jahr) u. Kindergärten (ab 3. Jahr); 2. die 10klassige allgemeinbildende *Polytechnische Oberschule* (POS) oder die allgemeinbildenden *Spezial- als Eliteschulen*; 3. die *Berufsausbildung* durch berufliche Grund- u. spezielle Facharbeiterausbildung; 4. die zur *Hochschulreife führenden Einrichtungen* wie u. a. die Erweiterte Oberschule (EOS) oder die Abiturklassen der Berufsausbildung, z. B. in Betriebsakademien, Betriebs- u. kommunalen Berufsschulen; 5. die *Ingenieur- u. Fachschulen* für wissenschaftlich-technische u. ökonomische Fachkräfte; 6. die *Universitäten u. Hochschulen*, die im Direkt-, Fern- u. Abendstudium ausbilden; 7. die umfassende *Aus- u. Weiterbildung* der Werktätigen.

Die sozialistische *Allgemeinbildung* legt die Fundamente für die *Spezialbildung*, die Fachwissen u. berufliches Können umfaßt. Theorie u. Praxis, Lernen u. Studium sind mit produktiver Tätigkeit zu verbinden; der *polytechnische Unterricht* dient dazu, die Schüler mit der Praxis der sozialistischen Produktion vertraut zu machen. Es gilt der Grundsatz der *Einheit von Bildung u. Erziehung*. Schüler, Lehrlinge u. Studenten sind „zur Liebe zur DDR u. zum Stolz auf die Errungenschaften des Sozialismus zu erziehen".

1966

1. April   Das **Familiengesetzbuch** (FGB) tritt in Kraft. Es setzt die volle Gleichberechtigung von Mann u. Frau voraus, die sich als Ehepartner gegenseitig zu fördern u. zu helfen u. die Kinder im Geiste des Friedens u. des Sozialismus zu erziehen haben. Die unterhalts- u. vermögensrechtlichen Beziehungen orientieren sich an der Regel, daß beide Ehepartner berufstätig sind u. sich gegenseitig kameradschaftlich in enger Gemeinschaft unterstützen. Die Ehe darf nur geschieden werden, wenn sie „ihren Sinn für die Ehegatten, die Kinder u. damit auch für die Gesellschaft verloren" hat. Anders als in der BRepD, wo Ehe u. Familie als Privatsphäre gelten, stellt die sozialistische Gesellschaft an sie die Erwartung, daß sie auch staatlichen/gesellschaftlichen Erfordernissen dienen, z. B. bei der „sozialistischen Erziehung" der Kinder.

DRITTER TEIL

Die Ära Honecker
1971 – heute

XIV. SED, Regierungssystem und Innenpolitik 1971–1986

1971

3. Mai Auf der 16. ZK-Tagung bittet **Ulbricht,** ihn aus „Altersgründen" von der Funktion des **1. Sekretärs der SED** *zu entbinden.* Zu seinem *Nachfolger wird* **Honecker** gewählt, Ulbricht, der Vorsitzender des Staatsrats bleibt, wird ehrenhalber „Vorsitzender" der SED.

Am 24. 6. 71 wählt die Volkskammer Honecker auch zum Vorsitzenden des Nationalen Verteidigungsrats.

15.–19. Juni Der **VIII. Parteitag** markiert eine *Zäsur* in der Geschichte der SED: Sie betrachtet den Sozialismus wieder als Übergangsphase zum Kommunismus u. distanziert sich damit von Ulbrichts These, der Sozialismus entspräche einer relativ selbständigen Gesellschaftsformation mit einer „Menschengemeinschaft". Hauptaufgabe sei, „alles zu tun für das Wohl des Menschen, für das Glück des Volkes, für die Interessen der Arbeiterklasse u. aller Werktätigen" (Honecker). Im Rahmen des neuen Fünfjahrplans soll das materielle u. kulturelle „Lebensniveau" der Bevölkerung erhöht (Dialektik von Wirtschafts- u. Sozialpolitk), die Produktion wissenschaftlich-technisch revolutioniert u. rationalisiert werden. Die SED bekräftigt ihren Führungsanspruch bei der Gestaltung der *„entwickelten sozialistischen Gesellschaft"* u. betont die „Pionierrolle" der KPdSU.

Die *deutsche Frage* gilt als entschieden: In der DDR sei die „sozialistische deutsche Nation" entstanden, in der BRepD bestünde die alte bürgerliche Nation mit ihren Klassenwidersprüchen fort. Die Beziehungen zwischen beiden deutschen Staaten hätten keinen Sonderstatus, sondern seien nach den Regeln des Völkerrechts u. den Prinzipien der friedlichen Koexistenz zu gestalten. Die SED erklärt sich bereit, an einer KSZE teilzunehmen u. zur Entspannung in Europa beizutragen („Friedenskonzept").

Der XXIV. Parteitag der KPdSU vom 30. 3.–9. 4. 71 hatte festgestellt, der Sozialismus sei in eine *neue Entwicklungsetappe* eingetreten. Er verabschiedete ein „Friedensprogramm" u. befürwortete, die materiellen u. kulturellen Bedürfnisse der Menschen umfassender zu befriedigen.

14. Nov.   Die Wahlen zur **6. Volkskammer,** zu den Bezirkstagen u. zur Ost-
Berliner Stadtverordnetenversammlung bestätigen zu 99,85%
die Einheitsliste der Nationalen Front (Wahlbeteiligung: 98,48%).
Am 26. 11. 71 werden wiedergewählt: *Ulbricht* als Vorsitzen-
der des Staatsrats (Zusammensetzung ↑Anhang II.), *Honecker*
als Vorsitzender des Nationalen Verteidigungsrats u. *Stoph* als
Vorsitzender des Ministerrats, der am 29. 11. bestätigt wird.
↑Anhang III.

1973
1. Aug.   **Tod Ulbrichts.** – Am 3. 10. wählt die Volkskammer *Stoph* zum
Vorsitzenden des Staatsrats, *Sindermann* zum Vorsitzenden des
Ministerrats (als Nachfolger Stophs).

1974
7. Okt.   Zum 25. Jahrestag der Staatsgründung *ändert u. ergänzt ein
Gesetz die* **Verfassung** ↑VI. 6. 4. 68. Die vorgeschriebene
„Volksdiskussion" hatte nicht stattgefunden, auch war die Ver-
fassungsrevision nicht angekündigt worden.

Die *Verfassung des* **„sozialistischen Staates der Arbeiter u.
Bauern"** dokumentiert den deutschlandpolitischen Wandel: An
die Stelle des bisherigen Bekenntnisses zur „deutschen Nation"
u. zur „schrittweisen Annäherung der beiden deutschen Staaten
bis zu ihrer Vereinigung auf der Grundlage der Demokratie u.
des Sozialismus" tritt die Unterscheidung zwischen *„sozialistischer Nation"* (mit eigener Staatsangehörigkeit) u. *deutscher
Nationalität* in der Absicht, die DDR von der BRepD abzugren-
zen. Die Selbstbindung an die SU („für immer u. unwiderruflich") und an die „sozialistische Staatengemeinschaft" wird verstärkt betont (Art. 6 Abs. 2).

Die *Volkskammer*, deren Legislaturperiode von 4 auf 5 Jahre
verlängert wird (ebenso die Amtszeit von Staatsrat u. Ministerrat), verkörpert wieder die Einheit des zentralen Staatsapparats.
Der *Staatsrat* übt vornehmlich repräsentative Funktionen als
kollektives Staatsoberhaupt aus u. verliert daher Kompetenzen
wie die generelle Vertretung der Volkskammer, die Einflußnah-
me auf ihre Tätigkeit u. die Gesetzgebung, die Normsetzung
durch Erlasse u. die materielle Rechtsaufsicht; diese Rechte
gehen weitgehend auf den Ministerrat, teilweise auf das Präsidium der Volkskammer über.

Der *Ministerrat* ist nicht nur oberstes Verwaltungsorgan, er
wird wieder Staatsregierung (Exekutive).

Ersatzlos gestrichen sind die Art. 104 u. 105 a. F. über das Beschwerdeverfahren u. die -ausschüsse. Dem Bürger steht lediglich ein *Eingabenrecht* zu (Art. 103), evtl. auch ein Schadenersatzanspruch gegen staatliche Organe.

1976

18.–22. Mai

Der **IX. Parteitag** der SED, der im neuen „Palast der Republik" (eröffnet am 23. 4. 76) stattfindet, verabschiedet ein *neues Parteiprogramm u. -statut* u. beschließt die Direktiven für den Fünfjahrplan bis 80. Der vom ZK wiedergewählte *Honecker* erhält den Titel *„Generalsekretär".*

Nach dem einstimmig angenommenen **Programm** ist die SED der „bewußte u. organisierte Vortrupp der Arbeiterklasse u. des werktätigen Volkes". Sie will die „entwickelte sozialistische Gesellschaft" weiter gestalten u. so grundlegende Voraussetzungen für den allmählichen Übergang zum Kommunismus schaffen. Während die „sozialistische Staatengemeinschaft" mit der Sowjetunion als „Hauptkraft" wachse u. sich entwickle, vertiefe sich die allgemeine Krise des Imperialismus („sterbender Kapitalismus"). Um das „Lebensniveau aller Werktätigen" schrittweise zu verbessern, seien hohe Leistungen in der sozialistischen Produktion u. ein stabiles Wirtschaftswachstum erforderlich: die Einheit von Wirtschafts- u. Sozialpolitik, ein Wohnungsbauprogramm als Kernstück der Sozialpolitik, eine leistungsorientierte Lohnpolitik zur Erhöhung der Arbeitsproduktivität, Erholung u. Urlaub, Familienförderung, Umweltschutz, die Vereinigung von Agrikultur u. Industrie u. a.

Der XXV. Parteitag der KPdSU vom 24. 2.–5. 3. 76 hatte festgestellt, daß der Sozialismus auf Kosten des Imperialismus immer mehr erstarke.

18. Aug.

Der *evangelische Pfarrer* **Brüsewitz** verbrennt sich öffentlich in Zeitz aus Protest gegen die *Unterdrückung der Kirchen.*

17. Okt.

Die **7. Volkskammer,** die Bezirkstage u. die Ost-Berliner Stadtverordnetenversammlung werden mit 99,86% der abgegebenen gültigen Stimmen (Wahlbeteiligung 98,58%) nach der Einheitsliste der Nationalen Front gewählt.

Am 29. 10. wählt die Volkskammer SED-Generalsekretär Honecker zum neuen Staatsratsvorsitzenden (Zusammensetzung des neuen Staatsrats ↑Anhang II.) u. zum *Vorsitzenden des Nationalen Verteidigungsrats,* den bisherigen Ministerratsvorsitzenden *Sindermann zum Volkskammerpräsidenten* u. den bisherigen *Staatsratsvorsitzenden Stoph zum Vorsitzenden des Ministerrats*, der am 1. 11. gewählt wird. ↑Anhang III.

16. Nov. Ausbürgerung **Biermanns.** ↑XX. 16. 11. 76
1977

23. Aug. Der *SED-Wirtschaftsfunktionär* **Bahro** wird wegen seiner „Kritik des real existierenden Sozialismus" (so der Untertitel seines in Köln erschienenen Buches *„Die Alternative")* verhaftet.

Das Ost-Berliner Stadtgericht *verurteilt* Bahro am 30. 6. 78 wegen „antisozialistischer u. subversiver Tätigkeit" zu 8 Jahren Freiheitsentzug. Zur Entlassung ↑XIX. 7. 10. 79.

1981

11.–16. Auf dem **X. Parteitag** zeigt die SED Geschlossenheit; vorausge-
April gangen war eine relativ milde Überprüfung der Mitglieder. Honecker wird einstimmig als Generalsekretär wiedergewählt. Die Wirtschaft bleibt als „Hauptaufgabe" das „entscheidende Kampffeld", v. a. durch Fortschritte bei der Wissenschaftlich-Technischen Revolution (WTR), bei der Intensivierung, Rationalisierung, Qualitätsverbesserung u. a. Beschlossen wird die Direktive für den neuen Fünfjahrplan u. ein Zehn-Punkte-Programm als ökonomische Strategie für die 80er Jahre. ↑XVIII. 3. 12. 81

14. Juni Bei den Wahlen zur **8. Volkskammer,** zu den Bezirkstagen u. zur Ost-Berliner Stadtverordnetenversammlung stimmen 99,86 % der Wähler (Wahlbeteiligung: 99,21 %) für die Einheitsliste der Nationalen Front. Die *Ost-Berliner Volkskammerabgeordneten* werden *erstmals direkt* gewählt. ↑XVII. 28. 6. 79

Am 25. 6. wählt die Volkskammer erneut *Sindermann* zum Volkskammerpräsidenten, *Honecker* zum Vorsitzenden des Staatsrats (Zusammensetzung Anhang II.) u. des Nationalen Verteidigungsrats, *Stoph* zum Vorsitzenden des Ministerrats, der am 26. 6. 81 bestellt wird. ↑Anhang III.

1986

17.–21. Der **XI. Parteitag** bestätigt die bisherige Führungsspitze der
April SED: *Honecker als Generalsekretär* des ZK u. das Politbüro, das 4 neue Vollmitglieder (Böhme, Eberlein, Keßler, Lorenz) erhält. Verabschiedet wird die Direktive für den *neuen Fünfjahrplan* 86–90. ↑XVIII. 17.–21. 4. 86

Der sowjetische Parteichef *Gorbatschow* unterbreitet als Gast vor dem Parteitag einen Vorschlag zur konventionellen Abrüstung.

8. Juni   Bei den **Wahlen zur 9. Volkskammer**, den 14 Bezirkstagen u. der Ost-Berliner Stadtverordnetenversammlung stimmen 99,94% aller Wähler (Wahlbeteiligung 99,74%) für die Einheitsliste der Nationalen Front.

Honecker wird am 16. 6. erneut zum Vorsitzenden des Staatsrats (Anhang II.) u. des Nationalen Verteidigungsrats gewählt. Zur Zusammensetzung des neuen Ministerrats unter *Stoph* vom 17. 6. 86 ↑ Anhang III.

XV. Internationale Beziehungen seit 1973

1973

18. Sept.   Die DDR wird in die **UNO** *aufgenommen* u. tritt der UN-Charta sowie dem Statut des Internationalen Gerichtshofs bei. – Sie ist ab 1. 1. 80 2 Jahre lang nichtständiges Mitglied im UN-Sicherheitsrat.

1975

20. Jan.   **Fischer** *löst Winzer als Außenminister ab.* Während der Amtszeit Winzers, der am 3. 3. 75 stirbt, war es der DDR gelungen, ihre außenpolitische Diskriminierung durch westliche Staaten zu überwinden.

1. Aug.   In *Helsinki* wird die **Schlußakte** *der Konferenz über Sicherheit u. Zusammenarbeit in Europa* **(KSZE)** von 35 Staaten Europas (darunter die DDR u. die BRepD) sowie Kanada u. den USA unterzeichnet. Sie ist kein völkerrechtlicher Vertrag, sondern eine Absichtserklärung, die erstmals erstrebt, einen multilateralen politisch-moralischen *Verhaltenskodex* in Europa über die Ost-West-Grenzen hinweg aufzustellen. Am Rande der Verhandlungen kommt es zu Begegnungen Schmidts mit Honecker u. Gierek.

Die *Schlußakte,* die Albanien nicht unterzeichnet, behandelt in 5 Kapiteln folgende Rahmenthemen:

1. *„Fragen der Sicherheit in Europa"* (Korb 1). Prinzipien der Beziehungen zwischen den Teilnehmerstaaten: souveräne Gleichheit, Enthaltung von Androhung oder Anwendung von Gewalt, Unverletzlichkeit der Grenzen, territoriale Integrität, friedliche Streitregelung, Nichteinmischung in innere Angelegenheiten, Achtung der Menschenrechte u. Grundfreiheiten, Gleichberechtigung u. Selbstbestimmung der Völker, Zusam-

menarbeit zwischen den Staaten, Treu u. Glauben; *vertrauensbildende Maßnahmen:* Ankündigung militärischer Manöver u. Truppenbewegungen, Austausch von Beobachtern.

2. *„Zusammenarbeit in den Bereichen der Wirtschaft, der Wissenschaft u. der Technik sowie der Umwelt"* (Korb 2). Vorgesehen sind z. B. Kooperation, Information u. gemeinsame Projekte.

3. *„Fragen der Sicherheit u. Zusammenarbeit im Mittelmeerraum".*

4. *„Zusammenarbeit in humanitären u. anderen Bereichen"* (Korb 3). Leitziele: Menschliche Kontakte aufgrund familiärer Beziehungen, Familienzusammenführung, Eheschließungen zwischen Bürgern verschiedener Staaten, Reisen aus persönlichen oder beruflichen Gründen, Tourismus, Jugendbewegung, Sportförderung, Informationsverbreitung, -zugang u. -austausch, verbesserte Arbeitsbedingungen für Journalisten, Zusammenarbeit u. Austausch im Kultur- u. Bildungsbereich.

5. *„Folgen der Konferenz".* Ein Folgetreffen in *Belgrad* soll die Ergebnisse des multilateralen Entspannungsprozesses prüfen. Das *1. Folgetreffen* vom 4. 10. 77–9. 3. 78 in *Belgrad* bekräftigt die Gültigkeit der Schlußakte als politisches Instrument, das den Frieden in Europa durch Entspannung u. Zusammenarbeit sichern soll. Das *2. Folgetreffen* vom 11. 11. 80–9. 9. 83 in *Madrid* verabschiedet ein *„Abschließendes Dokument"* u. beruft eine *„Konferenz über Vertrauens- u. Sicherheitsbildende Maßnahmen u. Abrüstung in Europa"* (**KVAE**) in *Stockholm* ein (eröffnet am 17. 1. 84). Das *3. Folgetreffen* tritt am 4. 11. 86 in *Wien* zusammen.

7. Okt. Der **2. Vertrag** *über Freundschaft, Zusammenarbeit u. gegenseitigen Beistand mit der* **SU** bindet die DDR an die „sozialistische Staatengemeinschaft" auf der Basis des „sozialistischen Internationalismus" u. der „ewigen u. unverbrüchlichen Freundschaft u. der brüderlichen gegenseitigen Hilfe auf allen Gebieten". Anders als im *1. Vertrag* (↑VIII. 12. 6. 64) gilt die *deutsche Frage als gelöst* u. nur noch als Teil eines Normalisierungs- u. Entspannungsprozesses zwischen Staaten unterschiedlicher Gesellschaftsordnung in Europa.

1977

24. März Die DDR schließt wie zuvor mit der SU am 7. 10. 75 **bilaterale**
–3. Okt. **Freundschaftsverträge** für die Dauer von 25 Jahren mit **Ungarn**

am 24. 3., mit **Polen** am 28. 5., mit **Bulgarien** am 14. 9. und mit der **ČSSR** am 3. 10. 77 ab. Sie juridifizieren die *Breschnew-Doktrin* in Gestalt der *„Preßburger Formel"*: Entsprechend dem Prinzip des sozialistischen Internationalismus sind Interventionen zulässig, um die „sozialistische Staatengemeinschaft" u. ihre „sozialistischen Errungenschaften" zu schützen.

6. Mai   Die DDR schließt mit der **Mongolischen VR** einen neuen *Vertrag über Freundschaft u. Zusammenarbeit* ab, am 4. 12. 77 *erstmals auch mit der* **Republik Vietnam.** ↑VIII. 25. 12. 55 u. 12. 9. 68

1978

26. Aug.
–3. Sept.   Im Rahmen des *1. gemeinsamen bemannten Weltraumunternehmens SU-DDR* fliegt **Jähn** als *erster Deutscher* in den Kosmos.

1979

19. Febr.   Die DDR schließt anläßlich eines Besuches Honeckers einen *Vertrag über Freundschaft u. Zusammenarbeit mit der VR* **Angola** ab. *Erstmals* werden damit die bilateralen Kooperationsverträge auf *afrikanische* Entwicklungsländer mit dem Ziel ausgedehnt, sie an das „sozialistische Lager" zu binden.

Es folgen *Kooperationsverträge* mit der **VR Moçambique** am 24. 2. 79, mit dem *sozialistischen* **Äthiopien** am 15. 11. 79, mit der *Volksdemokratischen Republik* **Jemen** am 17. 11. 79, mit der **VR Kampuchea** am 13. 8. 80 u. mit **Kuba** am 31. 5. 80.

1980

21. Juli   Bei den **XXII. Olympischen Sommerspielen** *in Moskau,* die von westlichen Staaten (u. a. USA und BRepD) wegen der sowjetischen Besetzung Afghanistans boykottiert werden, belegt die DDR hinter der SU den *2. Platz* im inoffiziellen Medaillenspiegel.

Der Einmarsch sowjetischer Truppen in *Afghanistan* Ende Dez. 79 hatte eine Krise in den Ost-West-Beziehungen ausgelöst.

1982

21. Mai   Anläßlich eines Besuchs *Karmals* (Generalsekretär der Demokratischen Volkspartei Afghanistans u. Vorsitzender des Revolutionsrats) in Ost-Berlin wird ein *Vertrag über Freundschaft u. Zusammenarbeit* zwischen der DDR u. **Afghanistan** unterzeichnet.

Kooperationsverträge werden am 22. 9. 82 auch mit **Laos** u. am 12. 6. 84 mit der **Koreanischen Demokratischen Volksrepublik** abgeschlossen.

1984

10. Mai Die *DDR* sagt – wie *zuvor die SU* am 8. 5. – die Teilnahme an den **XXIII. Olympischen Sommerspielen** *in Los Angeles* ab; denn die „Sicherheit" für Teilnehmer aus den sozialistischen Staaten sei nicht gewährleistet.

XVI. Deutsch-deutsche Sonderbeziehungen seit 1973

1973

18. Sept. Die *beiden deutschen Staaten* werden in die **UNO** aufgenommen. ↑IX. 21. 12. 72

Die 4 Mächte hatten am 9. 11. 72 bestätigt, daß sie die Anträge der BRepD u. der DDR auf Mitgliedschaft in der UNO unterstützen, u. festgestellt, daß diese Mitgliedschaft die alliierten Rechte, Verantwortlichkeiten u. Vereinbarungen in keiner Weise berühre.

1974

24. April **Guillaume**, Spion der DDR im Bundeskanzleramt u. persönlicher Referent des Bundeskanzlers Brandt, wird *festgenommen*.

25. April Die beiden deutschen Staaten schließen ein *Abkommen auf dem Gebiet des* **Gesundheitswesens** ab (in Kraft am 1. 1. 76). Darin verpflichten sie sich zum medizinischen Informations- und Erfahrungsaustausch bei der *Krankheits- u. Drogenbekämpfung,* zur *ärztlichen Hilfe* für Einreisende sowie zum *Arzneimittelaustausch.* Jeder Reisende aus dem anderen deutschen Staat hat Anspruch auf *kostenfreie* ambulante u. stationäre Behandlung.

Am gleichen Tage vereinbaren die *Finanzminister* beider Staaten 1. den *Transfer von Unterhalts- und Schadenersatzzahlungen;* 2. den *Transfer von Guthaben in besonderen Fällen* (Überweisungen auf Gegenseitigkeit v. a. aus einer Alters-, Vollwaisen-, Invaliditätsrente u./o. der Sozialhilfe).

2. Mai Die **Ständigen Vertretungen** in Bonn u. Ost-Berlin nehmen ihre Arbeit auf. Akkreditiert werden am 20. 6. 74 für die BRepD *Gaus*, für die DDR Michael *Kohl* (Nachfolger seit 28. 9. 78: Moldt).

12. Dez. Die **Swing-Regelung** vom 6. 12. 68 wird verlängert, der Überziehungskredit jedoch auf die Höchstgrenze von 850 Mio. Rechnungseinheiten beschränkt. – Die DDR sagt Verbesserungen im *Besucher- u. Reiseverkehr* zu: die Senkung der Mindestumtausch-

quote, ihre Abschaffung für Rentner, die Benutzung privater Pkw, den Ausbau der Verkehrswege u. a.

1975

1. Aug.   *Beide deutsche Staaten* unterzeichnen die **KSZE-Schlußakte** *in Helsinki*. Am Rande der Konferenz treffen sich Schmidt u. Honecker. ↑XV. 1. 8. 75

1976

30. März   Im **Postabkommen** regeln die Regierungen den Post- u. Fernmeldeverkehr zwischen der BRepD u. DDR, den Post- u. Fernmeldetransit mit Drittstaaten sowie den Post- u. Fernmeldeverkehr zwischen der BRepD u. West-Berlin einschließlich Funkfrequenznutzung (in Kraft am 1. 7. 76). Einzelheiten vereinbaren die Fachressorts in 3 dazugehörigen *Verwaltungsabkommen* über den Post-, den Fernmeldeverkehr u. die Abrechnung der Transitleistungen. Der Fernsprechverkehr wird modernisiert u. seine Kapazität ausgeweitet, der Paket-/Päckchenverkehr verbessert.

22. Dez.   Die DDR weist den *ARD-Fernsehkorrespondenten* **Loewe** wegen „Diffamierung des Volkes u. der Regierung" aus. – Noch am 1. 6. 76 hatte die DDR ständigen Korrespondenten aus der BRepD neue Arbeitserleichterungen eingeräumt.

1978

10. Jan.   Das Nachrichtenmagazin **Der Spiegel,** das beschuldigt wird, die DDR zu verleumden, muß sein *Ost-Berliner Büro* schließen. Es hatte ein *Manifest oppositioneller Kommunisten* in der SED veröffentlicht.

   Am 15. 1. 78 dürfen *Helmut Kohl* u. andere Unionspolitiker von West-Berlin, wo eine Fraktionssitzung stattfindet, nicht nach Ost-Berlin reisen, am 16. 6. 78 Mitglieder der *Jungen Union* nicht die Transitwege benutzen.

16. Nov.   Beide deutsche Staaten vereinbaren den *Bau der* **Nordautobahn** *Berlin–Hamburg* u. die Reparatur der *Transitwasserstraßen* nach West-Berlin, v. a. des Teltow-Kanals, unter Kostenbeteiligung der BRepD. Neu festgelegt wird die Transitpauschale bis 89. Damit soll die Lebensfähigkeit West-Berlins gesichert werden.

29. Nov.   Die Leiter der im Grundlagenvertrag (↑IX. 21. 12. 72) vereinbarten gemeinsamen **Grenzkommission** unterzeichnen in Bonn das *Regierungsprotokoll* über die „Überprüfung, Erneuerung u. Ergänzung der Markierung der zwischen der DDR und der BRepD bestehenden Grenze, die Grenzdokumentation u. die Regelung sonstiger mit dem Grenzverlauf im Zusammenhang stehender

Probleme" (z. B. Instandhaltung u. Ausbau der Grenzgewässer, Schiffahrt, Fischerei; Schadensbekämpfung an der Grenze). Der Verlauf der gemeinsamen Grenze wird bis auf kleine Ausnahmen (v. a. im Elbeabschnitt) einvernehmlich festgestellt. Die Grenzdokumentation enthält Grenzvermessungsunterlagen, -beschreibungen u. ein Kartenwerk.

1979

14. April **Westliche Journalisten** müssen ab sofort *Interviews* u. *sonstige Befragungen* genehmigen lassen u. *Reisen außerhalb Ost-Berlins* vorher anmelden. Die Bundesregierung protestiert gegen diese *Arbeitsbeschränkungen.*

31. Okt. BRepD u. DDR vereinbaren ein *Abkommen über die gegenseitige Befreiung von* **Kraftfahrzeugen** *von Steuern u. Straßenbenutzungsgebühren.* Ein ergänzendes langfristiges Protokoll sieht anstelle der individuellen Pkw-Straßenbenutzungsgebühren ihre pauschale Abgeltung in der DDR u. Ost-Berlin durch die Bundesregierung vor.

Seit 15. 12. 79 wird der *grenznahe Verkehr,* der am 5. 7. 73 mit Tagesaufenthalten im Grenzbereich aufgenommen worden war, beträchtlich erweitert.

21. Dez. Die Regierungen beider deutschen Staaten unterzeichnen ein Abkommen über die fachlich-administrative *Zusammenarbeit auf dem Gebiet des* **Veterinärwesens,** z. B. durch Erfahrungsaustausch, durch Verhütung u. Bekämpfung von Tierkrankheiten, durch Tierhygiene u. a.

1980

30. April In *Vereinbarungen über* **Verkehrsfragen** kommen BRepD u. DDR überein, eine durchgehende Autobahnverbindung zwischen *Berlin–Herleshausen* zu schaffen, den *Mittellandkanal* für Europaschiffe auszubaggern u. den Eisenbahnverkehr zwischen *Berlin–Helmstedt zweigleisig* auszubauen.

13. Okt. Die DDR leitet kurz nach den Bundestagswahlen vom 5. 10. einen **Kurswechsel in ihrer Deutschlandpolitik** ein: 1. erhöht sie ab sofort den *Mindestumtausch für Westbesucher* von 13 auf 25 DM pro Tag; 2. macht *Honecker in Gera* Fortschritte in den deutsch-deutschen Beziehungen von Bedingungen abhängig: daß die *Ständigen Vertretungen in Botschaften* umgewandelt werden, daß die BRepD die *DDR-Staatsbürgerschaft* anerkenne, den *Elbe-Grenzverlauf* in die Strommitte verlege und die *Zentrale Erfassungsstelle in Salzgitter* schließe (gegr. am 24. 11. 61 von

den Landesjustizverwaltungen zur Registrierung u. Aufklärung von Gewaltakten an der Zonengrenze).

Die Bundesregierung protestiert vergeblich gegen den erhöhten Zwangsumtausch. Die Zahl privater DDR-Reisen geht drastisch zurück.

Befreit werden vom Zwangsumtausch am 5. 2. 81 nur *Begleitpersonen von Schwerstbehinderten u. Blinden.*

1981

1. Febr.   **Bölling** wird *neuer Ständiger Vertreter* der BRepD in Ost-Berlin. ↑24. 5. 82

15. Febr.   *Honecker* erklärt in einer Rede vor Berliner Parteifunktionären überraschend, daß der „Sozialismus" einmal auch an die Tür der BRepD „klopfen" u. sich dann „die Frage der **Vereinigung** beider deutscher Staaten vollkommen neu" stellen werde.

11.–13. Dez.   Auf Einladung *Honeckers* kommt BK *Schmidt* zu einem **innerdeutschen Gipfeltreffen** *an den Werbellin- u. Döllnsee* in der Schorfheide. Die „konstruktiven" Gespräche entspannen die Atmosphäre, werden aber von den Ereignissen in *Polen* überschattet, wo *Jaruzelski* am 13. 12. das *Kriegsrecht* verhängt. Auf seiner Rückreise besucht Schmidt Güstrow/Mecklenburg.

Am 11. 2. 82 erweitert die DDR den Katalog *„dringender Familienangelegenheiten"*, bei denen Bürger unterhalb des Rentenalters in den Westen reisen können, z. B. auch bei hohen Geburtstagen u. kirchlichen Feiern.

1982

24. Mai   **Bräutigam** wird als neuer *Leiter der Ständigen Vertretung* der BRepD bei der DDR akkreditiert. Sein Vorgänger *Bölling* war am 28. 4. 82 erneut zum Regierungssprecher u. Leiter des Bundespresseamts berufen worden.

18. Juni   Die beiden deutschen Staaten vereinbaren eine **neue Swing-Regelung:** Der *zinslose Überziehungskredit* wird *verlängert,* aber *reduziert,* der *nichtkommerzielle Zahlungsverkehr erhöht.* Die DDR erklärt sich zu *Reiseerleichterungen* bereit: Sie sichert „Republikflüchtlingen" vor dem 1. 1. 81 Straffreiheit auf Transit- u. DDR-Reisen zu; West-Berliner können Tagesbesuche in Ost-Berlin u. in der DDR bis 2 Uhr nachts (bisher 24 Uhr) ausdehnen.

Am 21. 7. wird dem Ministerpräsidenten von Rheinland-Pfalz *Vogel* (CDU) die Einreise in die DDR zu einem Privatbesuch verweigert.

20. Nov.   Die **neue Transitautobahn** *Berlin–Hamburg* wird eröffnet.

1983

1. Febr.   In Bonn beraten *erstmals* Regierungsexperten beider deutscher Staaten über Fragen des **Umweltschutzes,** v. a. über die Reinhaltung der *Elbe.* – Weitere Gespräche folgen.

28. April   *Honecker sagt* seinen im Jahre 83 geplanten **Besuch** in der BRepD *ab.* Er begründet dies auch mit westdeutschen Kommentaren zum *Tod zweier Bundesbürger* bei Verhören durch DDR-Grenzbeamte.

Am 10. 4. war der Transitreisende *Burkert* offensichtlich an Herzversagen gestorben, am 26. 4. *Moldenhauer* an einem Herzinfarkt.

29. Juni   Die BRepD bürgt für einen **Milliardenkredit,** den die DDR bei westdeutschen Banken aufnimmt. Der bayerische Ministerpräsident *Strauß* (CSU), der den Kredit „*eingefädelt*" hat, wird nach einer Privatreise durch die ČSSR u. Polen von *Honecker* am 24. 7. 83 am Werbellinsee empfangen. Diese *neue Deutschlandpolitik von Strauß* löst Konflikte in der CDU/CSU aus.

Am 27. 9. 83 hebt die DDR den *Zwangsumtausch* bei Reisen von Jugendlichen bis 14 Jahren auf. Sie gibt eine Verordnung über *Familienzusammenführung und Eheschließung* zwischen DDR-Bürgern u. „Ausländern" vom 15. 9. bekannt u. beginnt mit dem Abbau von *Selbstschußanlagen* an der innerdeutschen Grenze.

15. Nov.   Im neuen, bis 1990 geltenden **Postabkommen** verpflichtet sich die DDR, Postsendungen schneller zu befördern u. ihre Verlustquote zu verringern, den Fernsprech- u. Fernschreibverkehr auszubauen u. Geschenksendungen zu erleichtern. Die BRepD zahlt als Ausgleich für diese Mehrleistungen eine *erhöhte Pauschale.* ↑30. 3. 76

1984

13. Febr.   *Honecker* trifft in **Moskau** anläßlich der **Beisetzungsfeierlichkeiten** für den am 9. 2. verstorbenen *Andropow* mit BK *Kohl* u. Außenminister *Genscher* zusammen. Sie betonen, daß der Dialog zwischen Ost u. West gerade jetzt von großem Gewicht sei.

Zum Nachfolger Andropows als Generalsekretär des ZK der KPdSU wird am 13. 2. 84 *Tschernenko* gewählt.

27. Juni   Die **Ständige Vertretung** der BRepD in Ost-Berlin wird *vorübergehend* (bis 31. 7.) für den *Besucherverkehr* gesperrt, da sich in ihr DDR-Bürger aufhalten, die ihre Ausreise erzwingen wollen.

1. Aug. **Reiseerleichterungen** im innerdeutschen Verkehr treten in Kraft: Der *Mindestumtausch* für Rentner, die in die DDR oder nach Ost-Berlin reisen, wird ermäßigt, die mögliche *Aufenthaltsdauer* für Westdeutsche u. West-Berliner in der DDR verlängert. *DDR-Rentner* dürfen bis zu 60 Tagen nicht nur Verwandte, sondern jetzt auch Bekannte in der BRepD besuchen. Im grenznahen Verkehr sind *Mehrfachberechtigungsscheine* möglich.

2. Aug. Die **„Prawda"**, das Zentralorgan der KPdSU, kritisiert die deutsch-deutschen Beziehungen. Die BRepD tarne ihren „Revanchismus" mit gesamtdeutschen Parolen u. mische sich „in die souveränen Angelegenheiten" der DDR ein, um die „Grundlagen der sozialistischen Ordnung" allmählich zu unterhöhlen. Der Artikel nimmt Bezug auf den *neuen Kredit,* den die Deutsche Bank der DDR am 25. 7. in Höhe von 950 Mio. DM gewährt u. den die Bundesregierung in Erwartung „politischer Zinsen" garantiert habe.

Bereits zuvor hatte die *Ostblock-Presse* (die ungarische ausgenommen) die Westpolitik der DDR versteckt gescholten.

4. Sept. *Moldt,* Ständiger Vertreter der DDR, sagt in Bonn den *vorgesehenen* **Besuch Honeckers** ab; er wird auf unbestimmte Zeit verschoben. „Stil u. öffentliche Auseinandersetzung" in der BRepD seien im Zusammenhang mit dem ursprünglich geplanten Besuchstermin „äußerst unwürdig u. abträglich" gewesen, er denke an Dregger.

Der Fraktionsvorsitzende der CDU/CSU *Dregger* hatte in einem Interview vom 23. 8. 84 erklärt: „Unsere Zukunft hängt nicht davon ab, daß Herr Honecker uns die Ehre seines Besuches erweist."

6. Okt. Das „Neue Deutschland" druckt einen **Beitrag Honeckers** aus der „Prawda" zum 35. Jahrestag der DDR-Gründung nach, worin es heißt: „Die Vereinigung von Sozialismus u. Kapitalismus ist ebenso unmöglich wie die von Feuer u. Wasser." Die Beziehungen zur BRepD könnten nur auf der „Basis der Koexistenz" gestaltet werden.

Außenminister Fischer erklärt vor der UNO, eine *Wiedervereinigung* zwischen beiden deutschen Staaten gebe es nicht, da sich das „Volk der DDR" unwiderruflich für den Sozialismus entschieden habe.

30. Nov. Die DDR beendet den *Abbau von* **Selbstschußanlagen** (Todesautomaten) entlang der innerdeutschen Grenze.

1985

15. Jan.   Die *letzten DDR-Bürger*, die in der Botschaft der BRepD *in* **Prag** vorübergehend Zuflucht gefunden hatten, kehren in die DDR zurück. Sie hatte zugesichert, den Rückkehrern *Straffreiheit* zu gewähren u. ihre *Ausreiseanträge* zu prüfen.

12. März   *Honecker u. Kohl* treffen sich in **Moskau** während der **Trauerfeierlichkeiten** für den am 10. 3. 85 verstorbenen sowjetischen Staats- u. Parteichef *Tschernenko*. Nachfolger war als KPdSU-Generalsekretär am 10. 3. *Gorbatschow* geworden.

5. Juli   *Vereinbarungen über den* **innerdeutschen Handel** 1986–90 (v. a. mit Kohle- und Mineralölprodukten) sowie den *nichtkommerziellen Zahlungsverkehr.* Der zinslose Überziehungskredit *(Swing)* wird von bisher 600 auf 850 Mio. Verrechnungseinheiten erhöht.

19. Aug.   Regierungsdirektor **Tiedge,** im Kölner Verfassungsschutzamt Gruppenleiter in der *Spionageabwehr,* wechselt in die *DDR* über. Die Nachrichtenagentur ADN meldet dies am 23. 8.

Der neue Chef des Bundesnachrichtendienstes *Hellenbroich* wird am 29. 8. von seinem Posten abgelöst, da er als BfV-Präsident den verschuldeten, oft Alkohol trinkenden Tiedge im Amt belassen hatte.

Als *mutmaßliche Agenten,* die sich in die DDR absetzen, werden ebenfalls enttarnt: *Lüneburg,* Sekretärin des Wirtschaftsministers Bangemann, *Richter,* Angestellte beim Bund der Vertriebenen, die Kanzleramtssekretärin *Willner* u. ihr Ehemann Herbert. Am 24. 8. wird *Höke,* Sekretärin im Bundespräsidialamt, festgenommen.

1986

19.–22. Febr.   Auf Einladung der SPD-Bundestagsfraktion besucht **Volkskammerpräsident Sindermann** die BRepD; er führt Gespräche u. a. mit BK Kohl u. Bundestagspräsident Jenninger.

6. Mai   Im **Kulturabkommen**, über das 12 Jahre lang verhandelt worden ist, vereinbaren die beiden deutschen Staaten im Rahmen ihrer Möglichkeiten u. auf der Grundlage des beiderseitigen Interesses die Zusammenarbeit auf den Gebieten der *Kultur, Kunst, Bildung u. Wissenschaft.* Einbezogen sind Film, Literatur, Denkmalpflege, Museen, Verlage, Archive, Rundfunk u. Fernsehen, Sport u. Jugendaustausch. Das Abkommen gilt auch für *West-Berlin.*

XVII. Berlin seit dem Vier-Mächte-Abkommen

1972

3. Juni Das **Vier-Mächte-Berlin-Abkommen** *tritt mit der Unterzeichnung des Schlußprotokolls* in Kraft. ↑X. 3. 9. 71

1977

2. Mai **Stobbe** (SPD) wird nach dem *Rücktritt Schütz' Regierender Bürgermeister* von Berlin. Der SPD/FDP-Senat behauptet sich im Amt, obwohl die CDU bei den Wahlen zum Abgeordnetenhaus am 2. 3. 75 u. 18. 3. 79 als stärkste Partei hervorgeht.

1978

6. Mai BRepD u. SU bekräftigen in einer gemeinsamen Deklaration, daß die *strikte Einhaltung u. volle Anwendung des* **4-Mächte-Berlin-Abkommens** (↑X. 3. 9. 71) eine wesentliche Voraussetzung für die *Entspannungspolitik* sei. – Berlin war in die KSZE-Schlußakte einbezogen worden. ↑XV. 1. 8. 75

1979

28. Juni Nach dem *geänderten DDR-Wahlgesetz* werden künftig die **Ost-Berliner Abgeordneten der Volkskammer** *nicht* mehr von der Stadtverordnetenversammlung *delegiert,* sondern von der Bevölkerung *direkt gewählt.*

Bereits während der 70er Jahre war zwischen den Berliner „Vertretern", die ursprünglich nur *beratende* Stimme hatten, u. den gewählten Abgeordneten der Volkskammer *kein Unterschied* mehr zu erkennen gewesen. Bis 20. 9. 76 galten *Normen der DDR* in Ost-Berlin nur dann, wenn der Magistrat zugestimmt u. dies in seinem Verordnungsblatt bekanntgemacht hatte.

1981

15. Jan. **Stobbe** *tritt* als Regierender Bürgermeister *zurück,* da er mit seinem SPD/FDP-Senat *keine tragfähige Mehrheit* gefunden hatte, u. a. wegen Finanz- u. Bürgschaftsaffären um die Baufirma Garski u. verschärfter Konflikte mit Hausbesetzern.

Am 23. 1. 81 wählt das Abgeordnetenhaus den bisherigen Bundesjustizminister **Vogel** (SPD) zum Regierenden Bürgermeister.

11. Juni **v. Weizsäcker** (CDU) wird mit FDP-Unterstützung vom Abgeordnetenhaus zum *Regierenden Bürgermeister* gewählt. – Die CDU hatte die vorgezogenen Wahlen zum Berliner Abgeordnetenhaus am 10. 5. 81 gewonnen.

1984

9. Jan. Vereinbarungsgemäß übergibt die *Deutsche Reichsbahn der DDR* den Betrieb der **S-Bahn** *in West-Berlin* unentgeltlich an den Senat, der die BVG als Betriebsführer bestimmt.

Die West-Berliner hatten die S-Bahn nach dem „Mauerbau" *boykottiert,* so daß sie unrentabel wurde. Die Deutsche Reichsbahn hatte nach Streiks vom 17.–25. 9. 80 die Hälfte des West-Berliner S-Bahn-Netzes stillgelegt u. damit gedroht, den Betrieb ganz einzustellen.

9. Febr. **Diepgen** (CDU) wird *Regierender Bürgermeister* als Nachfolger *v. Weizsäckers,* der am gleichen Tage wegen seiner Kandidatur als *Bundespräsident* (gewählt am 23. 5. 84) zurückgetreten war. – Diepgen bleibt Regierungschef nach den für die CDU erfolgreichen Wahlen zum Abgeordnetenhaus vom 10. 3. 85.

1985

15. Febr. Der West-Berliner Senat u. die DDR treffen eine *Vereinbarung über* **Abwasserfragen**.

1986

17. April Das Abgeordnetenhaus wählt auf Vorschlag des *Regierenden Bürgermeisters Diepgen* (CDU) 4 neue Senatoren. Damit ist die **Regierungsumbildung** *der CDU/FDP-Koalition* im Zusammenhang mit Parteispenden- u. Korruptionsaffären abgeschlossen.

XVIII. Wirtschafts- und Sozialpolitik seit 1972

1972

28. April SED, FDGB u. Ministerrat beschließen **sozialpolitische Maßnahmen u. Verbesserungen,** v. a. für berufstätige Mütter, kinderreiche Familien, junge Ehepaare u. Rentner. – Zum VIII. Parteitag der SED ↑XIV. 15.–19. 6. 71.

Am 25. 9. 73 wird die medizinische Betreuung der Werktätigen ausgebaut.

1973

1. Jan. Das **Musterstatut** *für kooperative Einrichtungen* der LPG, der Volkseigenen Güter (VEG), der Gärtnerischen Produktionsgenossenschaften (GPG) u. der sozialistischen Betriebe der Nahrungsgüterwirtschaft u. des Handels tritt in Kraft.

Durch Arbeitsteilung u. Spezialisierung entstehen zunehmend **„Kooperative Abteilungen Pflanzenproduktion"** (KAP) mit dem

Ziel, die Pflanzenproduktion *industriemäßig* zu betreiben u. damit zugleich die Tierproduktion zu verbessern, z. B. durch zwischengenossenschaftliche Einrichtungen (ZGE) der LPG oder zwischenbetriebliche Einrichtungen (ZBE) mit VEG. *Neue Maschinensysteme* (Großtraktoren, selbstfahrende Erntemaschinen als Mähdrescher u. Feldhäcksler) werden eingesetzt. Im Rahmen der industriemäßigen Agrarproduktion entwickelt sich neben der *horizontalen* auch die *vertikale Kooperation,* d. h. in der Landwirtschaft bilden sich immer mehr vor- u. nachgelagerte Produktionsstufen mit anderen Zweigen der Volkswirtschaft heraus, z. B. Agrarkombinate durch Verflechtung mit Betrieben der Verarbeitung u. des Handels. *Agrochemische Zentren* (ACZ) dienen LPG u. VEG als zwischenbetriebliche kooperative Einrichtungen, die Dünger, Pflanzenschutzmittel u. a. chemische Wirkstoffe umschlagen, lagern u. ausbringen, auch Agrarflugzeuge einsetzen. *(„Chemisierung der Landwirtschaft")*

2. Okt.   Die SED beschließt ein **Wohnungsbauprogramm,** das die Wohnungsfrage als soziales Problem bis 90 lösen soll.

Am 6. 7. 78 wird in Ost-Berlin die *millionste* Wohnung, am 9. 2. 84 die *zweimillionste* Wohnung übergeben, die seit 71 gebaut oder modernisiert worden sind.

1976

27. Mai   SED, FDGB u. Ministerrat beschließen *Verbesserungen der* **Arbeits- u. Lebensbedingungen** im Sinne des IX. Parteitags: Förderung berufstätiger Mütter, Einführung neuer Grundlöhne u. schrittweise der 40-Stunden-Woche, Verlängerung des Erholungsurlaubs, Erhöhung der Mindestlöhne u. Renten, Vergünstigungen für Schichtarbeiter u. a. ↑XIV. 18.–22. 5. 76

15. Dez.   Die Hauptkennziffern des **Fünfjahrplans 76–80** sehen vor, das Nationaleinkommen, die industrielle Arbeitsproduktivität u. Warenproduktion auf rund 128–134% zu steigern. Im Vordergrund stehen das *Wohnungsbauprogramm,* die *Arbeitsintensivierung* u. die *Integration im RGW.* Mikroelektronik u. Industrieroboter sollen verstärkt eingesetzt, die Energie- u. Rohstoffbasis ausgebaut werden. Vorrangig geht es um die Intensivierung der Produktion u. der „Wissenschaftlich-Technischen Revolution" (WTR) durch neue *Kombinate* („Trusts"), die an die Stelle der bis Ende 79 aufgelösten VVB treten, sowie durch Komplexwettbewerbe/Wettbewerbsprogramme von Industriebetrieben u. Forschungseinrichtungen.

In wesentlichen Bereichen wird der Fünfjahrplan *nicht erfüllt,* u. a. wegen zunehmender Rohstoff- u. Energieprobleme.

1978

1. Jan.   Das neue **Arbeitsgesetzbuch** (AGB) der „entwickelten sozialistischen Gesellschaft" tritt in Kraft. Es regelt einheitlich Rechte u. Pflichten der Betriebe, der Werktätigen u. der Gewerkschaften, zwischen denen Interessenübereinstimmung angenommen wird. Wirtschafts- u. Sozialpolitik bilden eine Einheit. Über den Tariflohn hinaus werden besondere Arbeitsleistungen im Rahmen „Von-Bis-Spannen" und Prämien honoriert. Die Werktätigen sind an der betrieblichen Planerstellung *(Plandiskussion)* zu beteiligen. Das Arbeitsverhältnis endet in der Regel durch Aufhebungsvertrag bei gleichzeitiger Überleitung des Werktätigen an einen anderen Betrieb. Arbeitsstreitigkeiten entscheiden in 1. Instanz Konfliktkommissionen aus Betriebsangehörigen *(Betriebsjustiz).* Die Sozialversicherung leitet der FDGB. – Das GBA tritt außer Kraft ↑XI. 12. 4. 61.

1. Jan.   **Neue Musterstatuten u. Musterbetriebsordnungen** für die *LPG-P* (Pflanzenproduktion) u. die *LPG-T* (Tierproduktion) treten in Kraft. Die letzten LPG Typen I–III werden aufgelöst. ↑XI. 12. 7. 52

Kooperationsverbände (KOV) u. *Agrar-Industrie-Vereinigungen* (AIV) sollen die industriemäßig betriebene Agrarproduktion *konzernartig* zusammenfassen. ↑1. 1. 73

1979

1. Dez.   Die **Mindestrenten,** die Renten für Mütter mit 5 u. mehr Kindern sowie die Unterstützungssätze der Sozialfürsorge werden erhöht.

1981

3. Dez.   Der **Fünfjahrplan 81–85** sieht vor, das Nationaleinkommen, die industrielle Warenproduktion u. Arbeitsproduktivität um rund 128 bzw. 130 % zu steigern. Schwerpunkte sind die Elektrotechnik/Elektronik, die Chemie u. der Maschinenbau, v. a. ihre Modernisierung u. der Einsatz von Robotern. Der Material-, Rohstoff- u. Energieverbrauch soll gesenkt u. durch einheimische Rohstoffe/Energieträger (z. B. Braunkohle) ersetzt werden. Niedrig kalkuliert ist der Zuwachs im Investitionsbereich, hoch die Steigerung des Exports.

1982

8.–10.   Die XXXVI. Ratstagung des **RGW in Budapest** beschließt ein
Juni   Programm zur Koordinierung der Volkswirtschaftspläne 86–90.

1986

17.–21. Nach der *Direktive des XI. SED-Parteitags* soll der **Fünfjahrplan**
April   **86–90** das produzierte Nationaleinkommen auf 124–126% steigern u. die industrielle Nettoproduktion auf 149–151% erhöhen. Die qualitativen u. effektiven Faktoren des Wirtschaftswachstums sind zu fördern, v. a. die beschleunigte Entwicklung u. Anwendung von *Schlüsseltechnologien* (Mikroelektronik, Automatisierung, Roboter). Erstrebt wird *Leistungssteigerung* u. gleichzeitige *Einsparung* von Rohstoffen, Energie u. Material. Das *Wohnungsprogramm* bleibt Kernstück der Sozialpolitik; Verbesserungen bei der Konsumgüterversorgung hängen vom Wirtschaftswachstum ab.

XIX. Sicherheits- und Verteidigungspolitik

1975

1. Aug. Die DDR unterzeichnet die **KSZE-Schlußakte.** ↑ XV.1. 8. 75.

1976

25./26. Der Politische Beratende Ausschuß des *Warschauer Pakts* schlägt
Nov.   *in Bukarest* den übrigen Teilnehmerstaaten der *KSZE* vor, gegeneinander **nicht als erste Kernwaffen** anzuwenden. Ein Vertragsentwurf wird vorgelegt.

1978

7. Juli **Hübner,** der sich auf den entmilitarisierten Status Berlins berufen hatte, wird wegen *Wehrdienstverweigerung* zu 5 Jahren Freiheitsentzug *verurteilt.* Zu seiner Amnestierung ↑ 7. 10. 79.

1. Sept. Zur **Wehrerziehung** in der DDR ↑XX. 1. 9. 78 u. 1. 9. 81.

1979

7. Okt. Während der Feierlichkeiten zum **30. Jahrestag** *der DDR-Gründung* kündigt Staats- und Parteichef *Breschnew* den *einseitigen Abzug sowjetischer* **Truppen** aus Mitteleuropa an. – Die ersten Einheiten der „Gruppe der sowjetischen Streitkräfte in Deutschland" verlassen die DDR am 5. 12. 79 kurz vor dem NATO-Nachrüstungsbeschluß.

Am Vorabend der Feierlichkeiten hatte die DDR eine *Amnestie* verkündet. Aus der Haft entlassen werden u. a. der *Regimekritiker Bahro* u. der *Wehrdienstverweigerer Hübner,* die am 11. 10. 79 in die BRepD ausreisen dürfen.

1981

13./14. Die **„Berliner Begegnung zur Friedensförderung"**, zu der *Herm-*
Dez. *lin* Schriftsteller, Künstler u. Wissenschaftler aus Ost u. West
eingeladen hatte, wird von der Verhängung des Kriegsrechts in
Polen u. der drohenden NATO-Nachrüstung überschattet.

Im Frühjahr 82 erstarkt die **Friedensbewegung** unter den
Losungen *„Frieden schaffen ohne Waffen"*, *„Schwerter zu Pflug-*
scharen" u. a.

1982

25. März Das **Wehrdienstgesetz** regelt die vormilitärische Ausbildung Jugendlicher u. die Einbeziehung von Frauen in die *allgemeine*
Wehrpflicht im Verteidigungsfall. Der Wehrdienst, der als Recht
u. „Ehrenpflicht" gilt, wird in der NVA oder in den Grenztrup-
pen geleistet. Der Grundwehrdienst dauert wie bisher 18 Monate. – Das gleichzeitig verabschiedete *Gesetz über die Staatsgrenze*
ersetzt die bisher internen Anweisungen für den Schußwaffenge-
brauch.

Das *Wehrpflichtgesetz* (↑XII. 24. 1. 62) und die Grenzordnung
treten außer Kraft.

1983

4./5. Der Politische Beratende Ausschuß des *Warschauer Pakts* schlägt
Jan. in **Prag** ein *Abkommen über militärischen Gewaltverzicht mit der*
NATO u. den *Verzicht auf Stationierung neuer Mittelstreckenra-*
keten vor.

Der **NATO-Doppelbeschluß** vom 12. 12. 79 sah vor, atomare
Mittelstreckenraketen in Europa zu stationieren, sofern die SU
nicht in 4 Jahren bereit sei, das gestörte eurostrategische Gleich-
gewicht durch Abrüstung wiederherzustellen. Zwischen den
USA u. der SU hatten am 30. 11. 81 die **INF**-*Verhandlungen* in
Genf begonnen, am 29. 6. 82 auch die **START**-*Verhandlungen,*
die nicht nur die strategisch-interkontinentalen Atomwaffen
begrenzen sollten (so das **SALT-I**-*Abkommen* vom 26. 5. 72 u.
das von den USA nicht ratifizierte **SALT-II**-*Abkommen* vom
18. 6. 79), sondern auch *reduzieren.*

4. Febr. Staats- u. Parteichef Honecker schlägt BK Kohl vor, die **schwedi-**
sche Initiative zur Schaffung einer „von *nuklearen Gefechtsfeld-*
waffen freien Zone" in Mitteleuropa zu unterstützen. – Kohl weist
den Vorschlag am 17. 2. zurück, da nicht ausschlaggebend sei, wo
Kernwaffen stationiert, sondern auf welches Gebiet Kernwaffen
gerichtet sind.

23. Nov. Die SU bricht, nachdem der BT am 22. 11. der *Stationierung amerikanischer Mittelstreckenflugkörper* in der BRepD zuge-stimmt hatte, die **INF-Verhandlungen in Genf** einseitig ab. Tags darauf kündigt Generalsekretär *Andropow* die Stationierung „operativ-taktischer" Raketen in der DDR u. ČSSR an, die Seestationierung von strategischen Raketen vor der US-Küste u. die Aufhebung des von *Breschnew* am 16. 3. 82 verfügten Statio-nierungsmoratoriums für Mittelstreckenraketen im europäischen Teil der SU. – Am 8. 12. 83 unterbricht die SU auch die **START-**Verhandlungen.

Honecker hatte Kohl in einem Schreiben vom 5. 10. 83 gebe-ten, seine Haltung zur Stationierung neuer atomarer US-Raketen zu „überdenken" u. alles zu tun, „damit niemals mehr von deutschem Boden ein Krieg ausgeht".

1985
26. April Der **Warschauer Vertrag** wird in der polnischen Hauptstadt um 20 Jahre *verlängert*. Er gilt danach automatisch für weitere 10 Jahre, sofern er nicht gekündigt wird. ↑XII. 14. 5. 55

XX. Familie, Jugend, Bildung und Kultur

1972
9. März Die Volkskammer verabschiedet – *zum ersten u. bisher einzigen Male* in der Geschichte der DDR mit Gegenstimmen u. Enthal-tungen – das Gesetz über die **Unterbrechung der Schwanger-schaft.** Es berechtigt die Frau, selbst darüber zu entscheiden, ob sie eine Schwangerschaft austragen oder binnen 12 Wochen nach der Empfängnis ärztlich unterbrechen lassen möchte. Die DDR will damit einen Beitrag zur *Gleichberechtigung der Frau* in Ausbildung u. Beruf, in Ehe u. Familie leisten. Ärztlich verord-nete schwangerschaftsverhütende Mittel werden kostenlos an sozialversicherte Frauen abgegeben.

1973
28. Juli Die **X. Weltfestspiele** *der Jugend* finden in Ost-Berlin statt. Unter
– 6. Aug. der Losung „antiimperialistische Solidarität" beteiligen sich auch Jugendliche aus Entwicklungsländern. ↑XIII. 5.–19. 8. 51

1974
28. Jan. Das Gesetz über die *Teilnahme der Jugend an der Gestaltung der entwickelten sozialistischen Gesellschaft* (**3. Jugendgesetz**) will

Jugendliche (Bürger bis zum vollendeten 25. Lebensjahr) zu *„sozialistischen Persönlichkeiten"* entwickeln helfen. Der Schutz des Sozialismus ist das Recht u. die „Ehrenpflicht" der Jugend. Bildung u. Erziehung, Kultur u. Sport, Arbeits- u. Lebensbedingungen, Freizeit u. Touristik Jugendlicher sowie ihre Teilnahme am politischen u. gesellschaftlichen Leben sind in Zusammenarbeit mit der FDJ zu fördern. ↑XIII. 8. 2. 50 u. 4. 5. 64

1976

1. Jan.   Das **Zivilgesetzbuch** (ZGB) u. die neue *Zivilprozeßordnung,* die nach öffentlicher Diskussion von der Volkskammer am 19. 6. 75 verabschiedet worden sind, treten in Kraft. Sie ersetzen das *Bürgerliche Gesetzbuch* (BGB) nebst allen ausführenden Rechtsvorschriften. Das *„sozialistische Zivilrecht"* regelt die Beziehungen der Bürger untereinander (außer Familienrecht ↑XIII. 1. 4. 66) u. zu den Betrieben (außer Arbeitsrecht ↑XVIII. 1. 1. 78). Es geht vom *„Prinzip der Einheit"* von Rechten u. Pflichten u. von der Übereinstimmung der persönlichen Interessen mit den gesellschaftlichen Erfordernissen aus. Gegenseitige kameradschaftliche Hilfe u. Zusammenarbeit sollen „sozialistische Verhaltensweisen" fördern.

16. Nov.   Trotz einer befristeten Ausreiseerlaubnis wird der *gesellschaftskritische Lyriker u. Sänger* **Biermann** während einer Tournee in der BRepD *ausgebürgert;* denn sein *1. öffentlicher Auftritt* am 13. 11. 76 in Köln habe sich gegen die DDR gerichtet u. feindlicher Propaganda Vorschub geleistet. ↑VI. 20. 2. 67.

Gegen die *Ausbürgerung protestieren* tags darauf als Erstunterzeichner *Sarah Kirsch, Christa Wolf, Braun, Fühmann, Hermlin, Heym, Kunert, Heiner Müller, Schneider, Becker* u. a. Zahlreiche Schriftsteller unterschreiben den Protest in den folgenden Tagen.

Havemann wird vorübergehend unter Hausarrest gestellt. Der Schriftsteller *Jentzsch* kehrt der DDR den Rücken, später folgen *Sarah Kirsch, Becker, Kunert, Loest, Krug, Bettina Wegner* u. a.

Bereits am 29. 10. 76 war *Kunze* aus dem Schriftstellerverband ausgeschlossen worden, da er sein Buch „Die wunderbaren Jahre" in Frankfurt a. M. veröffentlicht hatte. Er läßt sich am 13. 4. 77 in der BRepD nieder.

1978

1. Sept.   **„Vormilitärische Ausbildung u. Erziehung"** wird als *neues Unterrichtsfach* in den allgemeinbildenden Polytechnischen Oberschu-

len (POS) eingeführt. Es ist für alle Jungen u. Mädchen der Klassen 9 u. 10 obligatorisch.

1981

1. Sept. In den Erweiterten Oberschulen (EOS) u. Spezialschulen für Jungen der 11. Klassen wird die **vormilitärische Ausbildung** durch die Gesellschaft für Sport u. Technik (GST) Pflichtfach.

1985

13. Febr. Die **Semper-Oper**, die am 13./14. 2. 45 bei der *Bombardierung Dresdens* zerstört worden war, wird glanzvoll *wiedereröffnet.*

1986

6. Mai Das *deutsch-deutsche* **Kulturabkommen** wird unterzeichnet. ↑XVI. 6. 5. 86

Anhang

I. Übersicht über Gebiet und Bevölkerung

1. Bezirke und Kreise der DDR

Staatsgrenze

Bezirksgrenze

Kreisgrenze

Stadtkreis

Bezirke:

1 Berlin	6 Gera	11 Neubrandenburg
2 Cottbus	7 Halle	12 Potsdam
3 Dresden	8 Karl-Marx-Stadt	13 Rostock
4 Erfurt	9 Leipzig	14 Schwerin
5 Frankfurt	10 Magdeburg	15 Suhl

Maßstab 1 : 3 000 000

0 20 40 60 80 km

2. Wohnbevölkerung

Jahr	Jahresende (1 000)			Mittlere Bevölkerung		
	Insgesamt	männlich	weiblich	Insgesamt	männlich	weiblich
1936	1)16 745	1)8 191	1)8 555	16 160		
1939	1)18 488	1)7 860	1)10 629	1)16 745	1)8 191	1)8 555
1946	19 102	8 263	10 838	18 057	8 131	10 761
1947	19 044	8 330	10 714	18 892	8 295	10 711
1948	18 793	8 344	10 450	19 066	8 314	10 578
1949	18 360	8 150	10 210	18 892	1)8 161	1)10 227
1950	17 832	7 969	9 864	1)18 388	8 018	9 926
1955	17 188	7 745	9 443	17 944	7 761	9 479
1960	1)17 004	1)7 748	1)9 256	17 241	7 730	9 253
1964	17 040	7 780	9 260	16 983	7 762	9 257
1965	1)17 068	1)7 865	1)9 203	17 020	7 851	9 207
1970	17 054	7 873	9 181	17 058	7 869	9 192
1971	17 011	7 867	9 145	17 061	7 876	9 167
1972	16 951	7 851	9 100	17 043	7 858	9 121
1973	16 891	7 835	9 056	16 980	7 845	9 080
1974	16 820	7 817	9 003	16 925	7 823	9 027
1975	16 767	7 806	8 961	16 850	7 808	8 978
1976	16 758	7 817	8 941	16 786	7 813	8 952
1977	16 751	7 831	8 920	16 765	7 826	8 930
1978	16 740	7 839	8 901	16 756	7 835	8 910
1979	16 740	7 857	8 883	16 745	7 847	8 890
1980	1)16 706	1)7 849	1)8 857	16 737	7 864	8 872
1981	16 702	7 862	8 840	16 736	7 852	8 846
1982	16 701	7 877	8 825	16 697	7 868	8 831
1983	16 660	7 868	8 792	16 699	7 867	8 803
1984				16 671		

1) Ergebnis am Stichtag der Volkszählung.

Methodischer Hinweis: Unter mittlere Bevölkerung ist ab 1967 der Bevölkerungsstand vom 30. Juni ausgewiesen. Die Angaben zu diesem Stichtag werden als mittlere Bevölkerung verstanden.

3. Fläche, Kreise und Gemeinden, Wohnbevölkerung, Bevölkerungsdichte und mittlere Bevölkerung nach Bezirken 1984

Bezirk	Territorialfläche Jahresende km²	Anzahl der			Wohnbevölkerung - Jahresende				Mittlere Bevölkerung
		Stadtkreise	Landkreise	Gemeinden[1)]	Insgesamt	männlich	weiblich	je km² (Bevölkerungsdichte)	
Hauptstadt Berlin	403	[2)]9	–	1	1 196 871	559 261	637 610	2 970	1 189 353
Cottbus	8 262	1	14	574	883 476	423 506	459 970	107	883 708
Dresden	6 738	2	15	594	1 783 180	831 790	951 390	265	1 785 682
Erfurt	7 349	2	13	719	1 237 068	586 395	650 673	168	1 237 508
Frankfurt	7 186	3	9	438	706 755	339 403	367 352	98	707 483
Gera	4 004	2	11	528	742 200	350 378	391 822	185	742 533
Halle	8 771	3	20	684	1 800 808	850 682	950 126	205	1 805 650
Karl-Marx-Stadt	6 009	3	21	601	1 889 078	877 337	1 011 741	314	1 894 065
Leipzig	4 966	1	12	422	1 384 037	642 981	741 056	279	1 387 817
Magdeburg	11 526	1	19	655	1 254 745	593 659	661 086	109	1 256 760
Neubrandenburg	10 948	1	14	492	620 141	300 370	319 771	57	620 390
Potsdam	12 568	2	15	755	1 121 539	534 918	586 621	89	1 121 481
Rostock	7 074	4	10	360	897 532	432 276	465 256	127	896 823
Schwerin	8 672	1	10	389	592 209	283 537	308 672	68	591 725
Suhl	3 856	1	8	358	550 318	261 913	288 405	143	549 789
DDR	**108 333**	**36**	**191**	**7 570**	**16 659 957**	**7 868 406**	**8 791 551**	**154**	**16 670 767**

1) Kreisfreie Städte sind einbezogen – 2) Stadtbezirke der Hauptstadt Berlin.

Quelle: Statistisches Jahrbuch 1985 der Deutschen Demokratischen Republik. Hrsg. von der Staatlichen Zentralverwaltung für Statistik, 30. Jahrgang, Berlin 1985.

II. Zusammensetzung des Staatsrates 1960–1986

Vorbemerkung: Dokumentiert wird die Zusammensetzung des Staatsrates am Tage der Neuwahl; in Klammern ist die Fundstelle im „Neuen Deutschland" (ND) aufgeführt.

1. STAATSRAT vom 12. 9. 1960 (ND vom 13. 9. 1960)

Vorsitzender:	Walter Ulbricht (SED)
Stellvertreter:	Otto Grotewohl (SED)
	Johannes Dieckmann (LDPD)
	Gerald Götting (CDU)
	Heinrich Homann (NDPD)
	Manfred Gerlach (LDPD)
	Hans Rietz (DBD)
Mitglieder:	Günter Christoph (SED)
	Erich Correns (DKB)
	Friedrich Ebert (SED)
	Luise Ermisch (SED)
	Erich Grützner (SED)
	Friedrich Kind (CDU)
	Bernard Koenen (SED)
	Otto Krauß (LDPD)
	Bruno Leuschner (SED)
	Karl Mewis (SED)
	Irmgard Neumann (DBD)
	Karl Polak (SED)
	Karl Rieke (SED)
	Hans Rodenberg (SED)
	Horst Schumann (SED)
	Peter-Adolf Thießen (ptl.)
Sekretär:	Otto Gotsche (SED)

2. STAATSRAT vom 13. 11. 1963 (ND vom 14. 11. 1963)

Vorsitzender:	Walter Ulbricht (SED)
Stellvertreter:	Otto Grotewohl (SED)
	Johannes Dieckmann (LDPD)
	Gerald Götting (CDU)
	Heinrich Homann (NDPD)
	Manfred Gerlach (LDPD)
	Hans Rietz (DBD)

Mitglieder: Erich Correns (DKB)
                                         Friedrich Ebert (SED)
                                         Erich Grützner (SED)
                                         Lieselott Herforth (FDGB)
                                         Friedrich Kind (CDU)
                                         Bernard Koenen (SED)
                                         Else Merke (DBD)
                                         Günter Mittag (SED)
                                         Christel Pappe (ptl.)
                                         Karl Rieke (SED)
                                         Hans Rodenberg (SED)
                                         Horst Schumann (SED)
                                         Klaus Sorgenicht (SED)
                                         Christian Steinmüller (NDPD)
                                         Willi Stoph (SED)
                                         Paul Strauß (SED)
Sekretär: Otto Gotsche (SED)

3. STAATSRAT vom 13. 7. 1967 (ND vom 14. 7. 1967)

Vorsitzender: Walter Ulbricht (SED)
Stellvertreter: Willi Stoph (SED)
                                         Johannes Dieckmann (LDPD)
                                         Gerald Götting (CDU)
                                         Heinrich Homann (NDPD)
                                         Manfred Gerlach (LDPD)
                                         Hans Rietz (DBD)
Mitglieder: Erich Correns (ptl.)
                                         Friedrich Ebert (SED)
                                         Erich Grützner (SED)
                                         Brunhilde Hanke (SED)
                                         Lieselott Herforth (SED)
                                         Friedrich Kind (CDU)
                                         Else Merke (DBD)
                                         Günter Mittag (SED)
                                         Anni Neumann (SED)
                                         Karl Rieke (SED)
                                         Hans Rodenberg (SED)
                                         Maria Schneider (SED)
                                         Horst Schumann (SED)
                                         Hans-Heinrich Simon (NDPD)
                                         Klaus Sorgenicht (SED)
                                         Paul Strauß (SED)
Sekretär: Otto Gotsche (SED)

4. STAATSRAT vom 26. 11. 1971 (ND vom 27. 11. 1971)

Vorsitzender:	Walter Ulbricht (SED)
	[seit 3. 10. 73 Willi Stoph (SED)]
Stellvertreter:	Friedrich Ebert (SED)
	Willi Stoph (SED)
	Gerald Götting (CDU)
	Manfred Gerlach (LDPD)
	Heinrich Homann (NDPD)
	Hans Rietz (DBD)
Mitglieder:	Erich Honecker (SED)
	Kurt Anclam (LDPD)
	Friedrich Clermont (SED)
	Erich Correns (ptl.)
	Willi Grandetzka (DBD)
	Erich Grützner (SED)
	Brunhilde Hanke (SED)
	Lieselott Herforth (FDGB)
	Friedrich Kind (CDU)
	Margarete Müller (SED)
	Hans Rodenberg (SED)
	Klaus Sorgenicht (SED)
	Paul Strauß (SED)
	Ilse Thiele (DFD)
	Paul Verner (SED)
	Rosel Walther (NDPD)
	Herbert Warnke (SED)
Sekretär:	Heinz Eichler (SED)

5. STAATSRAT vom 29. 10. 1976 (ND vom 30./31. 10. 1976)

Vorsitzender:	Erich Honecker (SED)
Stellvertreter:	Friedrich Ebert (SED)
	Willi Stoph (SED)
	Horst Sindermann (SED)
	Manfred Gerlach (LDPD)
	Ernst Goldenbaum (DBD)
	Heinrich Homann (NDPD)
	Gerald Götting (CDU)
Mitglieder:	Kurt Anclam (LDPD)
	Erich Correns (ptl.)
	Willi Grandetzka (DBD)
	Kurt Hager (SED)
	Brunhilde Hanke (SED)

Lieselott Herforth (SED)
Friedrich Kind (CDU)
Margarete Müller (SED)
Albert Norden (SED)
Bernhardt Quandt (SED)
Klaus Sorgenicht (SED)
Paul Strauß (SED)
Ilse Thiele (SED)
Harry Tisch (SED)
Paul Verner (SED)
Rosel Walther (NDPD)

Sekretär: Heinz Eichler (SED)

6. STAATSRAT vom 25. 6. 1981 (ND vom 26. 6. 1981)

Vorsitzender: Erich Honecker (SED)
Stellvertreter: Willi Stoph (SED)
                                 Horst Sindermann (SED)
                                 Paul Verner (SED)
                                 Manfred Gerlach (LDPD)
                                 Ernst Goldenbaum (DBD)
                                 Gerald Götting (CDU)
                                 Heinrich Homann (NDPD)
Mitglieder: Kurt Anclam (LDPD)
                                 Werner Felfe (SED)
                                 Kurt Hager (SED)
                                 Brunhilde Hanke (SED)
                                 Friedrich Kind (CDU)
                                 Egon Krenz (SED)
                                 Günter Mittag (SED)
                                 Margarete Müller (SED)
                                 Alois Pisnik (SED)
                                 Bernhardt Quandt (SED)
                                 Werner Seifert (DBD)
                                 Klaus Sorgenicht (SED)
                                 Paul Strauß (SED)
                                 Ilse Thiele (SED)
                                 Harry Tisch (SED)
                                 Johanna Töpfer (SED)
                                 Rosel Walther (NDPD)
Sekretär: Heinz Eichler (SED)

7. STAATSRAT vom 16. 6. 1986 (ND vom 17. 6. 1986)

Vorsitzender:	Erich Honecker (SED)
Stellvertreter:	Willi Stoph (SED)
	Horst Sindermann (SED)
	Egon Krenz (SED)
	Günter Mittag (SED)
	Gerald Götting (CDU)
	Ernst Mecklenburg (DBD)
	Heinrich Homann (NDPD)
	Manfred Gerlach (LDPD)
Mitglieder:	Eberhard Aurich (SED)
	Fritz Dallmann (SED)
	Werner Felfe (SED)
	Kurt Hager (SED)
	Brunhilde Hanke (SED)
	Leonhard Helmschrott (DBD)
	Friedrich Kind (CDU)
	Eveline Klett (DFD)
	Lothar Kolditz (ptl.)
	Margarete Müller (SED)
	Alois Pisnik (SED)
	Bernhardt Quandt (SED)
	Peter Moreth (LDPD)
	Klaus Sorgenicht (SED)
	Paul Strauß (SED)
	Ilse Thiele (SED)
	Harry Tisch (SED)
	Johanna Töpfer (SED)
	Paul Verner (SED)
	Rosel Walther (NDPD)
	Monika Werner (SED)
Sekretär:	Heinz Eichler (SED)

III. Zusammensetzung der Regierung/des Ministerrates 1949–1986

Vorbemerkung: Wiedergegeben ist die Zusammensetzung der Regierung/des Ministerrates am Tage der Neuwahl; aufgenommen worden sind neben den Stellvertretern des Ministerpräsidenten/Vorsitzenden des Ministerrates nur Fachminister, nicht aber Staatssekretäre u. a. Die Fundstelle im „Neuen Deutschland" (ND) ist in Klammern vermerkt.

Zu Veränderungen in der Zusammensetzung der Regierung/des Ministerrates vgl. *Ursula Hoffmann:* Die Veränderungen in der Sozialstruktur des Ministerrates der DDR 1949–1969, Düsseldorf 1971, S. 80 ff.; *Peter J. Lapp:* Der Ministerrat der DDR, Opladen 1982 sowie Zusammenstellungen des *Gesamtdeutschen Instituts* in Bonn über den Staats- und Parteiapparat der DDR (Stand nach Stichtagen).

PROVISORISCHE REGIERUNG vom 12. 10. 1949 (ND vom 13. 10. 1949)

Ministerpräsident:	Otto Grotewohl (SED)
Stellvertreter:	Hermann Kastner (LDPD)
	Otto Nuschke (CDU)
	Walter Ulbricht (SED)
Minister für:	
Arbeit und Gesundheitswesen:	Luitpold Steidle (CDU)
Aufbau:	Lothar Bolz (NDPD)
Außenhandel und Materialversorgung:	Georg Handke (SED)
Auswärtige Angelegenheiten:	Georg Dertinger (CDU)
Finanzen:	Hans Loch (LDPD)
Handel und Versorgung:	Karl Hamann (LDPD)
Industrie:	Fritz Selbmann (SED)
Inneres:	Karl Steinhoff (SED)
Justiz:	Max Fechner (SED)
Land- und Forstwirtschaft:	Ernst Goldenbaum (DBD)
Planung:	Heinrich Rau (SED)
Post- und Fernmeldewesen:	Friedrich Burmeister (CDU)
Verkehr:	Hans Reingruber (ptl.)
Volksbildung:	Paul Wandel (SED)

REGIERUNG vom 15. 11. 1950 (ND vom 16. 11. 1950)

Ministerpräsident:	Otto Grotewohl (SED)
Stellvertreter:	Lothar Bolz (NDPD)
	Hans Loch (LDPD)
	Otto Nuschke (CDU)

Heinrich Rau (SED)
Walter Ulbricht (SED)

Minister für:	
Arbeit:	Roman Chwalek (SED)
Aufbau:	Lothar Bolz (NDPD)
Außenhandel- und	
Innerdeutschen Handel:	Georg Handke (SED)
Auswärtige Angelegenheiten:	Georg Dertinger (CDU)
Finanzen:	Hans Loch (LDPD)
Gesundheitswesen:	Luitpold Steidle (CDU)
Handel und Versorgung:	Karl Hamann (LDPD)
Inneres:	Karl Steinhoff (SED)
Justiz:	Max Fechner (SED)
Land- und Forstwirtschaft:	Paul Scholz (DBD)
Leichtindustrie:	Wilhelm Feldmann (NDPD)
Maschinenbau:	Gerhard Ziller (SED)
Post- und Fernmeldewesen:	Friedrich Burmeister (CDU)
Schwerindustrie:	Fritz Selbmann (SED)
Staatssicherheit:	Wilhelm Zaisser (SED)
Verkehr:	Hans Reingruber (ptl.)
Volksbildung:	Paul Wandel (SED)

MINISTERRAT vom 19. 11. 1954 (ND vom 20. 11. 1954)

Ministerpräsident:	Otto Grotewohl (SED)
Stellvertreter:	Lothar Bolz (NDPD)
	Hans Loch (LDPD)
	Otto Nuschke (CDU)
	Heinrich Rau (SED)
	Paul Scholz (DBD)
	Willi Stoph (SED)
	Walter Ulbricht (SED)
Minister für:	
Arbeit und Berufsausbildung:	Friedrich Macher (SED)
Aufbau:	Heinz Winkler (CDU)
Außenhandel und	
Innerdeutschen Handel:	noch nicht ernannt
Auswärtige Angelegenheiten:	Lothar Bolz (NDPD)
Finanzen:	Hans Loch (LDPD)
Gesundheitswesen:	Luitpold Steidle (CDU)
Handel und Versorgung:	Curt Wach (SED)
Inneres:	Willi Stoph (SED)
Justiz:	Hilde Benjamin (SED)
Kultur:	Johannes R. Becher (SED)

Land- und Forstwirtschaft:	Paul Scholz (DBD)
Lebensmittelindustrie:	Kurt Westphal (SED)
Maschinenbau:	Heinrich Rau (SED)
Post- und Fernmeldewesen:	Friedrich Burmeister (CDU)
Schwerindustrie:	Fritz Selbmann (SED)
Verkehrswesen:	Erwin Kramer (SED)
Volksbildung:	Fritz Lange (SED)
Leichtindustrie:	Wilhelm Feldmann (NDPD)

MINISTERRAT vom 8. 12. 1958 (ND vom 9. 12. 1958)

Ministerpräsident:	Otto Grotewohl (SED)
1. Stellvertreter:	Walter Ulbricht (SED)
Stellvertreter:	Lothar Bolz (NDPD)
	Bruno Leuschner (SED)
	Hans Loch (LDPD)
	Heinrich Rau (SED)
	Paul Scholz (DBD)
	Max Sefrin (CDU)
	Willi Stoph (SED)

Minister für:	
Außenhandel und	
Innerdeutschen Handel:	Heinrich Rau (SED)
Auswärtige Angelegenheiten:	Lothar Bolz (NDPD)
Bauwesen:	Ernst Scholz (SED)
Finanzen:	Willy Rumpf (SED)
Gesundheitswesen:	Max Sefrin (CDU)
Handel und Versorgung:	Curt Wach (SED)
Inneres:	Karl Maron (SED)
Justiz:	Hilde Benjamin (SED)
Kultur:	Alexander Abusch (SED)
Land- und Forstwirtschaft:	Hans Reichelt (DBD)
Nationale Verteidigung:	Willi Stoph (SED)
Post- und Fernmeldewesen:	Friedrich Burmeister (CDU)
Staatssicherheit:	Erich Mielke (SED)
Verkehrswesen:	Erich Kramer (SED)
Volksbildung:	Alfred Lemnitz (SED)

MINISTERRAT vom 14. 11. 1963 (ND vom 15. 11. 1963)

Vorsitzender:	Otto Grotewohl (SED)
1. Stellvertreter:	Willi Stoph (SED)
Stellvertreter:	Alexander Abusch (SED)
	Lothar Bolz (NDPD)

Erich Apel (SED)
Bruno Leuschner (SED)
Max Suhrbier (LDPD)
Paul Scholz (DBD)
Max Sefrin (CDU)
Margarete Wittkowski (SED)

Minister für:
Außenhandel und
Innerdeutschen Handel: Julius Balkow (SED)
Auswärtige Angelegenheiten: Lothar Bolz (NDPD)
Bauwesen: Wolfgang Junker (SED)
Finanzen: Willy Rumpf (SED)
Gesundheitswesen: Max Sefrin (CDU)
Handel und Versorgung: Gerhard Lucht (SED)
Inneres: Friedrich Dickel (SED)
Justiz: Hilde Benjamin (SED)
Kultur: Hans Bentzien (SED)
Nationale Verteidigung: Heinz Hoffmann (SED)
Post- und Fernmeldewesen: Rudolph Schulze (CDU)
Staatssicherheit: Erich Mielke (SED)
Verkehrswesen: Erwin Kramer (SED)
Volksbildung: Margot Honecker (SED)
Minister und Vorsitzender
des Landwirtschaftsrates: Georg Ewald (SED)
Minister und 1. Stellv.
des Vorsitzenden der
Staatlichen Plankommission: Karl Grünheid (SED)
Minister und 1. Stellv.
des Vorsitzenden des
Landwirtschaftsrates: Heinz Kuhrig (SED)
Minister und 1. Stellv.
des Vorsitzenden
des Volkswirtschaftsrates: Erich Markowitsch (SED)
Minister und Vorsitzender
der Arbeiter- und Bauern-Inspektion: Heinz Matthes (SED)
Minister und Vorsitzender
des Volkswirtschaftsrates: Alfred Neumann (SED)
Minister und Stellv.
des Vorsitzenden
des Landwirtschaftsrates: Hans Reichelt (DBD)
Minister und 1. Stellv.
des Vorsitzenden
der Staatlichen Plankommission: Gerhard Schürer (SED)

Minister und 1. Stellv.
des Vorsitzenden
des Volkswirtschaftsrates: Johann Wittik (SED)

MINISTERRAT vom 14. 7. 1967 (ND vom 15. 7. 1967)

Vorsitzender:	Willi Stoph (SED)
Stellvertreter:	Alexander Abusch (SED)
	Julius Balkow (SED)
	Kurt Fichtner (SED)
	Manfred Flegel (NDPD)
	Alfred Neumann (SED)
	Wolfgang Rauchfuß (SED)
	Gerhard Schürer (SED)
	Max Sefrin (CDU)
	Werner Titel (DBD)
	Gerhard Weiss (SED)
	Herbert Weiz (SED)
	Kurt Wünsche (LDPD)

Minister für:
Anleitung und Kontrolle der Bezirks- und Kreisräte:	Fritz Scharfenstein (SED)
Außenwirtschaft:	Horst Sölle (SED)
Auswärtige Angelegenheiten:	Otto Winzer (SED)
Bauwesen:	Wolfgang Junker (SED)
Bezirksgeleitete Industrie und Lebensmittelindustrie:	Erhard Krack (SED)
Chemische Industrie:	Günther Wyschofsky (SED)
Elektrotechnik und Elektronik:	Otfried Steger (SED)
Erzbergbau, Metallurgie und Kali:	Kurt Singhuber (SED)
Finanzen:	Siegfried Böhm (SED)
Gesundheitswesen:	Max Sefrin (CDU)
Grundstoffindustrie:	Klaus Siebold (SED)
Handel und Versorgung:	Günter Sieber (SED)
Hoch- und Fachschulwesen:	Ernst-Joachim Gießmann (SED)
Inneres:	Friedrich Dickel (SED)
Justiz:	Kurt Wünsche (LDPD)
Leichtindustrie:	Johann Wittik (SED)
Materialwirtschaft:	Alfred Neumann (SED)
Kultur:	Klaus Gysi (SED)
Nationale Verteidigung:	Heinz Hoffmann (SED)
Post- und Fernmeldewesen:	Rudolph Schulze (CDU)
Schwermaschinen- und Anlagenbau:	Gerhard Zimmermann (SED)
Staatssicherheit:	Erich Mielke (SED)

Verarbeitungsmaschinen- und Fahrzeugbau:	Rudi Georgi (SED)
Verkehrswesen:	Erwin Kramer (SED)
Volksbildung:	Margot Honecker (SED)
Wissenschaft und Technik:	Günter Prey (SED)
Minister und Leiter des Amtes für Preise:	Walter Halbritter (SED)
Minister und Leiter der Arbeiter- und Bauern-Inspektion:	Heinz Matthes (SED)
Minister und Vorsitzender des Landwirtschaftsrates:	Georg Ewald (SED)

MINISTERRAT vom 29. 11. 1971 (ND vom 30. 11. 1971)

Vorsitzender:	Willi Stoph (SED)
	[seit 3. 10. 73 Horst Sindermann (SED)]
1. Stellvertreter:	Horst Sindermann (SED)
	Alfred Neumann (SED)
Stellvertreter:	Kurt Fichtner (SED)
	Manfred Flegel (NDPD)
	Günther Kleiber (SED)
	Wolfgang Rauchfuß (SED)
	Gerhard Schürer (SED)
	Werner Titel (DBD)
	Rudolph Schulze (CDU)
	Gerhard Weiss (SED)
	Herbert Weiz (SED)
	Kurt Wünsche (LDPD)
Minister für:	
Außenwirtschaft:	Horst Sölle (SED)
Auswärtige Angelegenheiten:	Otto Winzer (SED)
Bauwesen:	Wolfgang Junker (SED)
Bezirksgeleitete Industrie und Lebensmittelindustrie:	Erhard Krack (SED)
Chemische Industrie:	Günther Wyschowsky (SED)
Elektrotechnik und Elektronik:	Otfried Steger (SED)
Erzbergbau, Metallurgie und Kali:	Kurt Singhuber (SED)
Finanzen:	Siegfried Böhm (SED)
Gesundheitswesen:	Ludwig Mecklinger (SED)
Glas- und Keramikindustrie:	Karl Bettin (SED)
Handel und Versorgung:	Günter Sieber (SED)
Hoch- und Fachschulwesen:	Hans-Joachim Böhme (SED)
Inneres:	Friedrich Dickel (SED)
Justiz:	Kurt Wünsche (LDPD)

Kohle und Energie:	Klaus Siebold (SED)
Kultur:	Klaus Gysi (SED)
Land-, Forst- und Nahrungsgüterwirtschaft:	Georg Ewald (SED)
Leichtindustrie:	Johann Wittik (SED)
Materialwirtschaft:	Manfred Flegel (SED)
Nationale Verteidigung:	Heinz Hoffmann (SED)
Post- und Fernmeldewesen:	Rudolph Schulze (CDU)
Schwermaschinen- und Anlagenbau:	Gerhard Zimmermann (SED)
Staatssicherheitsdienst:	Erich Mielke (SED)
Umweltschutz und Wasserwirtschaft:	Werner Titel (DBD)
Verarbeitungsmaschinen und Fahrzeugbau:	Rudi Georgi (SED)
Verkehrswesen:	Otto Arndt (SED)
Volksbildung:	Margot Honecker (SED)
Wissenschaft und Technik:	Günter Prey (SED)
Minister und Leiter des Amtes für Preise:	Walter Halbritter (SED)
Minister und Vorsitzender der Arbeiter- und Bauern-Inspektion:	Heinz Matthes (SED)

MINISTERRAT vom 1. 11. 1976 (ND vom 3. 11. 1976)

Vorsitzender:	Willi Stoph (SED)
1. Stellvertreter:	Werner Krolikowski (SED)
	Alfred Neumann (SED)
Stellvertreter:	Manfred Flegel (NDPD)
	Hans-Joachim Heusinger (LDPD)
	Günther Kleiber (SED)
	Wolfgang Rauchfuß (SED)
	Hans Reichelt (DBD)
	Gerhard Schürer (SED)
	Rudolph Schulze (CDU)
	Gerhard Weiss (SED)
	Herbert Weiz (SED)
Minister für:	
Allg. Maschinen-, Landmaschinen- und Fahrzeugbau:	Günther Kleiber (SED)
Außenhandel:	Horst Sölle (SED)
Auswärtige Angelegenheiten:	Oskar Fischer (SED)
Bauwesen:	Wolfgang Junker (SED)
Bezirksgeleitete Industrie und Lebensmittelindustrie:	Udo-Dieter Wange (SED)

Chemische Industrie:	Günther Wyschowsky (SED)
Elektrotechnik und Elektronik:	Otfried Steger (SED)
Erzbergbau, Metallurgie und Kali:	Kurt Singhuber (SED)
Finanzen:	Siegfried Böhm (SED)
Geologie:	Manfred Bochmann (SED)
Gesundheitswesen:	Ludwig Mecklinger (SED)
Glas- und Keramikindustrie:	Werner Greiner-Petter (SED)
Handel und Versorgung:	Gerhard Briksa (SED)
Hoch- und Fachschulwesen:	Hans-Joachim Böhme (SED)
Inneres:	Friedrich Dickel (SED)
Justiz:	Hans-Joachim Heusinger (LDPD)
Kohle und Energie:	Klaus Siebold (SED)
Kultur:	Hans-Joachim Hoffmann (SED)
Land-, Forst- und	
Nahrungsgüterwirtschaft:	Heinz Kuhrig (SED)
Leichtindustrie:	Karl Bettin (SED)
Materialwirtschaft:	Wolfgang Rauchfuß (SED)
Nationale Verteidigung:	Heinz Hoffmann (SED)
Post- und Fernmeldewesen:	Rudolph Schulze (CDU)
Schwermaschinen- und Anlagenbau:	Gerhard Zimmermann (SED)
Staatssicherheit:	Erich Mielke (SED)
Umweltschutz und Wasserwirtschaft:	Hans Reichelt (DBD)
Verkehrswesen:	Otto Arndt (SED)
Volksbildung:	Margot Honecker (SED)
Werkzeug- und	
Verarbeitungsmaschinenbau:	Rudi Georgi (SED)
Wissenschaft und Technik:	Herbert Weiz (SED)
Minister und Leiter	
des Amtes für Preise:	Walter Halbritter (SED)
Minister und Vorsitzender der	
Arbeiter- und Bauern-Inspektion:	Heinz Matthes (SED)

MINISTERRAT vom 26. 6. 1981 (ND vom 27./28. 6. 1981)

Vorsitzender:	Willi Stoph (SED)
1. Stellvertreter:	Werner Krolikowski (SED)
	Alfred Neumann (SED)
Stellvertreter:	Manfred Flegel (NDPD)
	Hans-Joachim Heusinger (LDPD)
	Günther Kleiber (SED)
	Wolfgang Rauchfuß (SED)
	Hans Reichelt (DBD)
	Gerhard Schürer (SED)
	Rudolph Schulze (CDU)

Gerhard Weiss (SED)
Herbert Weiz (SED)

Minister für:
Allg. Maschinen-,
Landmaschinen- und Fahrzeugbau: Günther Kleiber (SED)
Außenhandel: Horst Sölle (SED)
Auswärtige Angelegenheiten: Oskar Fischer (SED)
Bauwesen: Wolfgang Junker (SED)
Bezirksgeleitete Industrie
und Lebensmittelindustrie: Udo-Dieter Wange (SED)
Chemische Industrie: Günther Wyschowsky (SED)
Elektrotechnik und Elektronik: Otfried Steger (SED)
Erzbergbau, Metallurgie und Kali: Kurt Singhuber (SED)
Finanzen: Ernst Höfner (SED)
Geologie: Manfred Bochmann (SED)
Gesundheitswesen: Ludwig Mecklinger (SED)
Glas- und Keramikindustrie: Werner Greiner-Petter (SED)
Handel und Versorgung: Gerhard Briksa (SED)
Hoch- und Fachschulwesen: Hans-Joachim Böhme (SED)
Inneres: Friedrich Dickel (SED)
Justiz: Hans-Joachim Heusinger (LDPD)
Kohle und Energie: Wolfgang Mitzinger (SED)
Kultur: Hans-Joachim Hoffmann (SED)
Land-, Forst- und
Nahrungsgüterwirtschaft: Heinz Kuhrig (SED)
Leichtindustrie: Werner Buschmann (SED)
Materialwirtschaft: Wolfgang Rauchfuß (SED)
Nationale Verteidigung: Heinz Hoffmann (SED)
Post- und Fernmeldewesen: Rudolph Schulze (CDU)
Schwermaschinen- und Anlagenbau: Rolf Kersten (SED)
Staatssicherheit: Erich Mielke (SED)
Umweltschutz und Wasserwirtschaft: Hans Reichelt (DBD)
Verkehrswesen: Otto Arndt (SED)
Volksbildung: Margot Honecker (SED)
Werkzeug- und
Verarbeitungsmaschinenbau: Rudi Georgi (SED)
Wissenschaft und Technik: Herbert Weiz (SED)
Minister und Vorsitzender
des Komitees der ABI: Albert Stief (SED)
Minister und Leiter
des Amtes für Preise: Walter Halbritter (SED)

MINISTERRAT vom 17. 6. 1986 (ND vom 18. 6. 1986)

Vorsitzender:	Willi Stoph (SED)
1. Stellvertreter:	Werner Krolikowski (SED)
	Alfred Neumann (SED)
Stellvertreter:	Manfred Flegel (NDPD)
	Hans-Joachim Heusinger (LDPD)
	Günther Kleiber (SED)
	Wolfgang Rauchfuß (SED)
	Hans Reichelt (DBD)
	Gerhard Schürer (SED)
	Rudolph Schulze (CDU)
	Horst Sölle (SED)
	Herbert Weiz (SED)

Minister für:

Allg. Maschinen-, Landmaschinen- und Fahrzeugbau:	Gerhard Tautenhahn (SED)
Außenhandel:	Gerhard Beil (SED)
Auswärtige Angelegenheiten:	Oskar Fischer (SED)
Bauwesen:	Wolfgang Junker (SED)
Bezirksgeleitete Industrie und Lebensmittelindustrie:	Udo-Dieter Wange (SED)
Chemische Industrie:	Günther Wyschowsky (SED)
Elektrotechnik und Elektronik:	Felix Meier (SED)
Erzbergbau, Metallurgie und Kali:	Kurt Singhuber (SED)
Finanzen:	Ernst Höfner (SED)
Geologie:	Manfred Bochmann (SED)
Gesundheitswesen:	Ludwig Mecklinger (SED)
Glas- und Keramikindustrie:	Karl Grünheid (SED)
Handel und Versorgung:	Gerhard Briksa (SED)
Hoch- und Fachschulwesen:	Hans-Joachim Böhme (SED)
Inneres:	Friedrich Dickel (SED)
Justiz:	Hans-Joachim Heusinger (LDPD)
Kohle und Energie:	Wolfgang Mitzinger (SED)
Kultur:	Hans-Joachim Hoffmann (SED)
Land-, Forst- und Nahrungsgüterwirtschaft:	Bruno Lietz (SED)
Leichtindustrie:	Werner Buschmann (SED)
Materialwirtschaft:	Wolfgang Rauchfuß (SED)
Nationale Verteidigung:	Heinz Keßler (SED)
Post- und Fernmeldewesen:	Rudolph Schulze (CDU)
Schwermaschinen- und Anlagenbau:	Rolf Kersten (SED)
Staatssicherheit:	Erich Mielke (SED)
Umweltschutz und Wasserwirtschaft:	Hans Reichelt (DBD)

Verkehrswesen:	Otto Arndt (SED)
Volksbildung:	Margot Honecker (SED)
Werkzeug- und Verarbeitungsmaschinenbau:	Rudi Georgi (SED)
Wissenschaft und Technik:	Herbert Weiz (SED)
Minister und Vorsitzender des Komitees der ABI:	Albert Stief (SED)
Minister und Leiter des Amtes für Preise:	Walter Halbritter (SED)

IV. Auswahlbibliographie

Vorbemerkung: Diese Auswahlbibliographie soll das weiterführende Studium der DDR fördern. Aufgenommen werden daher wichtige Bücher und Hilfsmittel, die geeignet sind, historisch-politisches Grundwissen über die DDR zu ergänzen und zu vertiefen – sei es für wissenschaftliche Zwecke, im Selbststudium oder in der politischen Bildung. Es handelt sich bevorzugt um *neuere* Werke, die in der Bundesrepublik Deutschland oder in der DDR erschienen sind und in der Regel auch Literaturangaben enthalten. Ältere Schriften sowie Aufsätze, die grundsätzlich nicht berücksichtigt worden sind, lassen sich mit Hilfe der aufgeführten Bibliographien und Fachbücher ermitteln.

1. Fortlaufende aktuelle Information

Zur fortlaufenden aktuellen Information über die DDR werden folgende deutschsprachige Spezialzeitschriften und -reihen empfohlen:

a. *Die DDR. Realitäten – Argumente.* Hrsg. von der Friedrich-Ebert-Stiftung.
Von der Schriftenreihe, deren Titel für Zwecke der politischen Bildung *kostenlos* abgegeben werden, sind *zur Zeit lieferbar:* (Stand Februar 1986; Anschrift: Friedrich-Ebert-Stiftung, Abteilung Gesellschaftspolitische Information, Godesberger Allee 149, 5300 Bonn 2.)
Neuererbewegung und wissenschaftliche Arbeitsorganisation (WAO) in der DDR (1980).
Universitäten, Hoch- und Fachschulen in der DDR (1980).
Organisationen und Verbände in der DDR – ihre Rolle und Funktion (1980).
Honeckers Verfassung (^{3}1981).
Sport in der DDR (^{2}1981).
Kirche und Staat in der DDR und in der Bundesrepublik (^{2}1981)
Wohnungs- und Städtebau in der DDR – zur Wohnungsfrage (1981).
Frauen in der DDR (1981).
Die Nationale Front der DDR – ihre Rolle und Funktion (1981).
Freizeit in der Deutschen Demokratischen Republik (1981).
Der FDGB von A–Z (^{3}1982).
Die SED von A–Z (^{3}1982).
Der Fünfjahrplan der DDR (1982).
Zur Strategie und Taktik der KPD/SED – Aktionseinheit – Einheitsfront – Volksfront – Bündnispolitik (1982).
Karl Marx und die DDR. Zu seinem 100. Todestag (1982).
Die Familiengesetzgebung der DDR (1982).
Martin Luther – Ahnherr der DDR? Zu seinem 500. Geburtstag (1983).
Parteien in beiden deutschen Staaten (^{4}1983).
Die Massenmedien der DDR (^{2}1983).

Mitbestimmung in beiden deutschen Staaten ([3]1983).
Der Freie Deutsche Gewerkschaftsbund (FDGB) – Geschichte und Organisation ([3]1983).
Die paramilitärischen Verbände der DDR (1983).
Zur Geschichte der DDR, Teil I: Die Ära Ulbricht (1983).
Zur Geschichte der DDR, Teil II: Die Ära Honecker (1983).
Der Alltag in der DDR ([2]1984).
Freie Deutsche Jugend und Pionierorganisation Ernst Thälmann in der DDR ([2]1984).
Vorgeschichte und Entstehung der DDR ([2]1984).
Die beiden deutschen Staaten in internationalen Organisationen ([3]1984).
Städte und Gemeinden in beiden deutschen Staaten ([3]1984).
Wie wird der DDR-Bürger überwacht? (1984).
Der demokratische Zentralismus – Herrschaftsprinzip der DDR (1984).
Die Staatsbürgerschaft der DDR (1984).
Die Wehrpflicht in der DDR (1984).
Sozial geborgen oder total verwaltet? Der Mensch im sozialen Netz der DDR (1984).
Die Grundrechte in beiden deutschen Staaten ([2]1985).
Umweltschutz in beiden deutschen Staaten ([2]1985).
Rationalisierung, Intensivierung und „Arbeitsmarkt" in der DDR (1985).
Das Bildungswesen in der DDR ([2]1985).
Reisen in die DDR (1985).
40 Jahre Sozialistische Einheitspartei Deutschlands (1985).
Das Arbeitsgesetzbuch der DDR ([2]1985).
Urlaub und Tourismus in beiden deutschen Staaten ([2]1985).
Die neue Gemeindeverfassung der DDR (1986).

b. *DDR REPORT.* Zeitschriften und Bücher der DDR. Referatezeitschrift zur politischen Bildung in der Bundesrepublik Deutschland. Hrsg.: Gesellschaft für Politische Bildung e.V. Würzburg, Haus Frankenwarte. Bonn: Verlag Neue Gesellschaft, monatlich.

c. *Deutschland Archiv.* Zeitschrift für Fragen der DDR und der Deutschlandpolitik. Köln: Verlag Wissenschaft und Politik, monatlich.

d. *Informationen.* Hrsg.: Bundesministerium für innerdeutsche Beziehungen in Zusammenarbeit mit dem Gesamtdeutschen Institut – Bundesanstalt für gesamtdeutsche Aufgaben. Bonn, zweiwöchentlich.

e. *Pressespiegel.* Aus Zeitungen und Zeitschriften der DDR. Hrsg. vom Bundesministerium für innerdeutsche Beziehungen. Berlin: Gesamtdeutsches Institut – Bundesanstalt für gesamtdeutsche Aufgaben, etwa zweiwöchentlich.

f. *deutsche studien.* Vierteljahreshefte der Ost-Akademie Lüneburg. Hrsg. und Verlag: Ost-Akademie e.V., Lüneburg, vierteljährlich.

2. Bibliographien und Hilfsmittel

Annotierte Bibliographie für die politische Bildung, hrsg. von der Bundeszentrale für politische Bildung, H. 1 ff., Bonn 1980 ff.

Bibliographie zur Deutschlandpolitik 1941–1974. Bearbeitet von Marie-Luise Goldbach, Werner John, Hannelore Nathan, Karlheinz Niclauß, Karl-Günter Schirrmeister und Albrecht Tyrell. Redaktion: Albrecht Tyrell. Hrsg. vom Bundesministerium für innerdeutsche Beziehungen, Frankfurt a. M. 1975.

Bibliographie zur Deutschlandpolitik 1975–1982. Bearbeitet von Karsten Schröder. Hrsg. vom Bundesministerium für innerdeutsche Beziehungen, Frankfurt a. M. 1983.

Bibliographie zur Zeitgeschichte 1953–1980. Im Auftrag des Instituts für Zeitgeschichte München hrsg. von Thilo Vogelsang und Hellmuth Auerbach unter Mitarbeit von Ursula van Laak, Bd. III (Geschichte des 20. Jahrhunderts seit 1945), München/New York/London/Paris 1983, S. 216 ff.

Bracher, Karl Dietrich, Jacobsen, Hans-Adolf und Tyrell, Albrecht (Hrsg.): Bibliographie zur Politik in Theorie und Praxis. Vollständige Neubearbeitung, Königstein/Düsseldorf 1982.

Buch, Günther: Namen und Daten wichtiger Personen der DDR, Bonn [3]1982.

Epstein, Fritz T.: East Germany. A Selected Bibliography, Washington 1959.

Haupt, Michael: Die Berliner Mauer. Vorgeschichte, Bau, Folgen. Literaturbericht und Bibliographie zum 20. Jahrestag des 13. August 1961, München 1981.

Hirsch, Gisela: A Bibliography of German Studies, 1945–1971. Germany under Allied Occupation; Federal Republic of Germany, German Democratic Republic, Bloomington 1972.

IGW-Referatedienst aus Gesellschaft und Wissenschaft in der DDR. Hrsg.: Institut für Gesellschaft und Wissenschaft (IGW) an der Universität Erlangen-Nürnberg. Erscheint monatlich.

Landeskunde DDR. Eine annotierte Auswahlbibliographie. Bearbeitet und kommentiert von Walter Sperling. München u. a. 1978. (Ergänzungsband: München 1984.)

Merritt, Anna J. und Merritt, Richard R.: Politics, Economics and Society in the Two Germanies, 1945–1975. A bibliography of English-Language Works, Urbana 1978.

Das geltende Recht – chronologisch und systematisch geordnet. Verzeichnis der geltenden Rechtsvorschriften der DDR vom 7. 10. 1949–31. 12. 1970, hrsg. vom Büro des Ministerrates der DDR, o. O., o. J. (Danach Jahresausgaben.)

Stöhr, Liselotte, Blos, Gisela und Lohmann, Johannes: 25 Jahre SED, o. O. (Berlin) 1971.

Völkerrechtliche Vereinbarungen der DDR. Eine Zusammenstellung der internationalen Verträge, Abkommen und sonstigen Vereinbarungen der Regierung der DDR, ihrer Organisationen und Institutionen seit 1949. Hrsg. vom Gesamtdeutschen Institut Bonn [Loseblattsammlung mit Ergänzungslieferungen].

Kleines Politisches Wörterbuch, Berlin [6]1986.

3. Allgemeine Gesamt- und Teildarstellungen

Beyme, Klaus von/Zimmermann, Hartmut (Hrsg.): Policymaking in the German Democratic Republic, Aldershot 1984.

Böhme, Irene: Die da drüben. Sieben Kapitel DDR, Berlin 1983.

Bröll, Werner, Heisenberg, Wolfgang und Sühlo, Winfried: Der andere Teil Deutschlands, München/Wien [3]1971.

Bussiek, Hendrik: Die real existierende DDR. Neue Notizen aus der unbekannten deutschen Republik, Frankfurt a. M. 1984.

DDR. Hrsg. von der Landeszentrale für politische Bildung Baden-Württemberg. Redaktion: Hans-Georg Wehling, Stuttgart/Berlin/Köln/Mainz 1983.

DDR. Werden und Wachsen. Zur Geschichte der DDR. Autorenkollektiv. Berlin 1974.

DDR 1976–1980. Eine Chronik. Autoren- und Redaktionskollektiv, Berlin 1984.

DDR-Handbuch. Wissenschaftliche Leitung: Hartmut Zimmermann unter Mitarbeit von Horst Ulrich und Michael Fehlauer. Hrsg. vom Bundesministerium für innerdeutsche Beziehungen, 2 Bde., Köln [3]1985.

Die DDR. Informationen zur politischen Bildung Nr. 205 (Hans-Georg und Rosemarie Wehling). Hrsg.: Bundeszentrale für politische Bildung, Bonn 1984.

Eckart, Karl: DDR, Stuttgart [2]1984.

Erbe, Günter u. a.: Politik, Wirtschaft und Gesellschaft in der DDR. Studientexte für politische Bildung, Opladen 1979.

Gellert, Johannes F. und Kramm, Hans-Joachim: DDR. Land, Volk, Wirtschaft in Stichworten, Wien 1977.

Geschichte der Deutschen Demokratischen Republik. Von einem Autorenkollektiv unter Leitung von Rolf Badstübner. Hrsg. vom Wissenschaftlichen Beirat für Geschichtswissenschaft beim Ministerium für Hoch- und Fachschulwesen, Berlin 1981.

Grätz, Frank: Die DDR. Daten, Fakten, Analysen, Hinweise, München 1979.

Handbuch Deutsche Demokratische Republik. Hrsg.: Lexikonredaktion des VEB Bibliographisches Institut Leipzig, Leipzig [2]1984.

Heitzer, Heinz: DDR. Geschichtlicher Überblick, Berlin [2]1984.

Krisch, Henry: The German Democratic Republic. An Introduction, Boulder 1985.

Ludz, Peter C.: Die DDR zwischen Ost und West. Politische Analysen 1961–1976, München 1980.

Pfeiler, Wolfgang: DDR-Lehrbuch, Bonn 1974.

Picaper, Jean-Paul (Hrsg.): DDR-Bild im Wandel, Berlin 1982.

Pollmann, Bernhard: Daten zur Geschichte der Deutschen Demokratischen Republik, Düsseldorf 1984.

Rausch, Heinz und Stammen, Theo (Hrsg.): DDR. Das politische, wirtschaftliche und soziale System, München [6]1984.

Rilling, Rainer (Hrsg.): Sozialismus in der DDR. Dokumente und Materialien, 2 Bde., Köln 1979.

SBZ von 1945–1954. Die Sowjetische Besatzungszone Deutschlands in den Jahren 1945–1954. Hrsg. vom Bundesministerium für Gesamtdeutsche Fragen, Bonn/Berlin 1964. 3 Ergänzungsbände für die Jahre 1955–1956, 1957–1958 und 1959–1960, Bonn/Berlin 1960–1964.

Schneider, Eberhard: Die DDR. Geschichte, Politik Wirtschaft, Gesellschaft, Stuttgart [5]1980.

Schöneburg, Karl-Heinz/Mand, R./Leichtfuß, H. und Urban, K.: Vom Werden unseres Staates. Eine Chronik. Bd. 1: 1945–1949; Bd. 2: 1949–1955, Berlin 1966–1968.

Schwarze, Hanns-Werner: Die DDR ist keine Zone mehr, Berlin/Köln 1970.

Sontheimer, Kurt/Bleek, Wilhelm: Die DDR. Politik, Gesellschaft, Wirtschaft, Hamburg [5]1979.

Unser Staat. DDR-Zeittafel 1949–1983. Hrsg.: Akademie für Staats- und Rechtswissenschaft der DDR. Autorenkollektiv unter Leitung von Ulrich Dähn, Berlin 1984.

Staritz, Dietrich: Geschichte der DDR 1949–1985, Frankfurt a. M. 1985.

Thomas, Rüdiger: Modell DDR. Die kalkulierte Emanzipation, München [8]1985.

Weber, Hermann (Hrsg.): DDR. Dokumente zur Geschichte der Deutschen Demokratischen Republik 1945–1985, München 1986.

Weber, Hermann: DDR. Grundriß der Geschichte 1945–1981, Hannover [3]1982.

Weber, Hermann: Geschichte der DDR, München 1985.

Weber, Hermann: Kleine Geschichte der DDR, Köln 1981. 3. Auflage Hannover 1982.

Windmöller, Eva/Höpker, Thomas: Leben in der DDR, Hamburg 1980.

Geschichtliche Zeittafel der Deutschen Demokratischen Republik 1949–1959. Hrsg.: Deutsches Institut für Zeitgeschichte, Berlin 1959.

4. Deutsche Geschichte nach 1945, Bundesrepublik Deutschland und DDR im Vergleich

Behr, Wolfgang: Bundesrepublik Deutschland – Deutsche Demokratische Republik. Systemvergleich Politik, Wirtschaft, Gesellschaft, Stuttgart/Berlin/Köln/Mainz [2]1985.

Binder, Gerhart: Deutschland seit 1945. Eine dokumentierte gesamtdeutsche Geschichte in der Zeit der Teilung, Stuttgart 1969.

Borowsky, Peter: Deutschland 1963–1969, Hannover 1983.

Borowsky, Peter: Deutschland 1970–1976, Hannover 1983.

Bundesrepublik Deutschland – DDR 1 und 2. Vergleich der politischen Systeme (Klaus-Dieter Böger und Hans Kremendahl). Informationen zur politischen Bildung Nr. 192 und 193. Hrsg.: Bundeszentrale für politische Bildung, Bonn 1982.

Deutschland. Bundesrepublik Deutschland. Deutsche Demokratische Republik. Daten und Fakten zum Nachschlagen. Hrsg. vom Lexikon-Institut Bertelsmann, Gütersloh/Berlin/München/Wien 1975.

Grosser, Alfred: Geschichte Deutschlands seit 1945. Eine Bilanz, München 1980.

Hamel, Hannelore (Hrsg.): Bundesrepublik Deutschland – DDR. Die Wirtschaftssysteme. Soziale Marktwirtschaft und Sozialistische Planwirtschaft im Systemvergleich, München 1983.

Helwig, Gisela: Frau und Familie in beiden deutschen Staaten, Köln 1982.

Hillgruber, Andreas: Deutsche Geschichte 1945–1982. Die „deutsche Frage" in der Weltpolitik, Stuttgart/Berlin/Köln/Mainz ⁵1984.

Hüttenberger, Peter/Hoebink, Hein: Bundesrepublik Deutschland – Deutsche Demokratische Republik. Ein Vergleich, München ²1985.

Jaide, Walter/Hille, Barbara (Hrsg.): Jugend im doppelten Deutschland, Opladen 1977.

Jesse, Eckhard (Hrsg.): Bundesrepublik Deutschland und Deutsche Demokratische Republik. Die beiden deutschen Staaten im Vergleich, Berlin ⁴1985.

Kleßmann, Christoph: Die doppelte Staatsgründung. Deutsche Geschichte 1945–1955, Göttingen 1982.

Konflikt und Integration III. DDR – Bundesrepublik Deutschland. Beiträge zu einer vergleichenden Analyse ihrer politischen Systeme. Zusammengestellt und bearbeitet von Jürgen Weber, München 1980.

Langenbucher, Wolfgang R./Rytlewski, Ralf/Weyergraf, Bernd (Hrsg.): Kulturpolitisches Wörterbuch Bundesrepublik Deutschland/Deutsche Demokratische Republik im Vergleich, Stuttgart 1983.

Leptin, Gert: Deutsche Wirtschaft nach 1945. Ein Ost-West-Vergleich, Opladen ³1980.

Lieser-Triebnigg, Erika/Mampel, Siegfried (Hrsg.): Kultur im geteilten Deutschland, Berlin 1984.

Lilge, Herbert (Hrsg.): Deutschland 1945–1963, Hannover 1983.

Löw, Konrad: Die Grundrechte. Verständnis und Wirklichkeit in beiden Teilen Deutschlands, München 1982.

Löw, Konrad: Rechtsstaat – Demokratie – Sozialstaat. Verständnis und Wirklichkeit in beiden Teilen Deutschlands, München 1980.

Nolte, Ernst: Der Weltkonflikt in Deutschland. Die Bundesrepublik und die DDR im Brennpunkt des Kalten Krieges 1949–1962, München 1981.

Reichelt, Paul: Deutsche Chronik 1945–1970. Daten und Fakten aus beiden Teilen Deutschlands. I. Bd.: 1945–1957, Freudenstadt 1970; II. Bd.: 1958–1970 (mit Hans Ulrich Behn), Freudenstadt 1971.

Schmid, Karin: Die Verfassungssysteme der Bundesrepublik Deutschland und der DDR, Berlin 1982.

Schulz, Eberhard und Danylow, Peter: Bewegung in der deutschen Frage? Die ausländischen Besorgnisse über die Entwicklung in den beiden deutschen Staaten, Bonn ²1985.

Steininger Rolf: Deutsche Geschichte 1945–1961. Darstellung und Dokumente, 2 Bde., Frankfurt a. M. 1983, 1985 (Taschenbuchausgabe).

Thalheim, Karl C.: Die wirtschaftliche Entwicklung der beiden Staaten in Deutschland, Berlin ²1981.

Timmermann, Heiner: Bundesrepublik – DDR: Grundzüge im Vergleich. Vorge-
schichte – Politik – Wirtschaft – Soziales – Recht – Außen- und Sicherheitspoli-
tik, Opladen 1984.
Wilke, Kay-Michael: Bundesrepublik Deutschland und Deutsche Demokratische
Republik. Grundlagen und ausgewählte Probleme des gegenseitigen Verhältnis-
ses der beiden deutschen Staaten, Berlin 1976.
Zahlenspiegel Bundesrepublik Deutschland/Deutsche Demokratische Republik.
Ein Vergleich. Hrsg. vom Bundesministerium für innerdeutsche Beziehungen,
Bonn ³1985.

5. Vorgeschichte und Entstehung der DDR

Buttlar, Walrab von: Ziele und Zielkonflikte der sowjetischen Deutschlandpolitik
1945–1947, Stuttgart 1980.
Die DDR in der Übergangsperiode. Studien zur Vorgeschichte und Geschichte der
DDR 1945–1961. Hrsg. von Rolf Badstübner und Heinz Heitzer, Berlin 1979.
Um ein antifaschistisch-demokratisches Deutschland. Dokumente aus den Jahren
1945–1949. Redaktionskollegium, Berlin 1968.
Errichtung des Arbeiter- und Bauernstaates der DDR 1945–1949. Von einem
Autorenkollektiv unter Leitung von Karl-Heinz Schöneburg, Berlin 1983.
Zur Geschichte der Rechtspflege der DDR 1945–1949. Von einem Autorenkollek-
tiv unter Leitung von Hilde Benjamin, Berlin 1976.
Geschichte des Staates und des Rechts der DDR. Dokumente 1945–1949. Hrsg.:
Institut für Theorie des Staates und des Rechts der Akademie der Wissenschaf-
ten der DDR, Berlin 1984.
Hacker, Jens: Der Ostblock. Entstehung, Entwicklung und Struktur 1939–1980,
Baden-Baden 1983.
Staritz, Dietrich: Die Gründung der DDR. Von der sowjetischen Besatzungsherr-
schaft zum sozialistischen Staat, München 1984.
Weber, Hermann (Hrsg.): Parteiensystem zwischen Demokratie und Volksdemo-
kratie. Dokumente und Materialien zum Funktionswandel der Parteien und
Massenorganisationen in der SBZ/DDR 1945–1950, Köln 1982.
Zur Wirtschaftspolitik der SED. Bd. 1: 1945–1949, Berlin 1984.

6. Verfassung, Staat und Recht

Brunner, Georg: Einführung in das Recht der DDR, München ²1979.
DDR-Gesetze. Textausgabe mit Anmerkungen. Hrsg. von Erika Lieser-Trieb-
nigg, begründet von Dietrich Müller-Römer, Köln: Verlag Wissenschaft und
Politik. [Loseblattsammlung mit fortlaufenden Ergänzungslieferungen.]
Zur Geschichte der Rechtspflege der DDR 1949–1961. Von einem Autorenkollek-
tiv unter Leitung von Hilde Benjamin, Berlin 1980.
Geschichte des Staates und des Rechts der DDR. Dokumente 1949–1961, Berlin
1984.

Grundlagen der Rechtspflege. Lehrbuch. Autorenkollektiv, Berlin 1983.

Lapp, Peter Joachim: Der Ministerrat der DDR. Aufgaben, Arbeitsweisen und Struktur der anderen deutschen Regierung, Opladen 1982.

Lapp, Peter Joachim: Der Staatsrat im politischen System der DDR (1960–1971), Opladen 1972.

Lapp, Peter Joachim: Die Volkskammer der DDR, Opladen 1975.

Lapp, Peter Joachim: Wahlen in der DDR. Wählt die Kandidaten der Nationalen Front, Berlin 1982.

Lieser-Triebnigg, Erika: Recht in der DDR. Einführung und Dokumentation, Köln 1985.

Mampel, Siegfried: Die sozialistische Verfassung der Deutschen Demokratischen Republik. Kommentar, Frankfurt [2]1982.

Roggemann, Herwig (Hrsg.): Die DDR-Verfassungen, Berlin [3]1980.

Roggemann, Herwig (Hrsg.): Die Gesetzgebung der DDR, Berlin: Verlag Spitz seit 1971 ff. [Loseblattsammlung]

Roggemann, Herwig (Hrsg.): Die Staatsordnung der DDR, Berlin [3]1982.

Sorgenicht, Klaus u. a. (Hrsg.): Verfassung der Deutschen Demokratischen Republik. Dokumente – Kommentar, 2 Bde., Berlin 1969.

Staatsrecht der DDR. Lehrbuch. Hrsg.: Akademie für Staats- und Rechtswissenschaft der DDR, Berlin [2]1984.

Staats- und Rechtsgeschichte der DDR. Grundriß. Hrsg.: Bereich Staats- und Rechtsgeschichte der Sektion Rechtswissenschaft der Humboldt-Universität zu Berlin. Autorenkollektiv, Berlin 1983.

Die neue Verfassung der DDR, Köln 1974.

Westen, Klaus (Hrsg.): Das neue Zivilrecht der DDR nach dem Zivilgesetzbuch von 1975, Berlin/Baden-Baden 1977.

7. SED-, Regierungs- und Innenpolitik

Dähn, Horst: Konfrontation oder Kooperation? Das Verhältnis von Staat und Kirche in der SBZ/DDR 1945–1980, Opladen 1982.

Dokumente der SED, Bd. I ff., Berlin 1951 ff.

Fricke, Karl Wilhelm: Opposition und Widerstand in der DDR. Ein politischer Report, Köln 1984.

Fricke, Karl Wilhelm: Politik und Justiz in der DDR. Zur Geschichte der politischen Verfolgung 1945–1968. Bericht und Dokumentation, Köln 1979.

Geschichte der SED. Abriß. Autorenkollektiv beim Institut für Marxismus-Leninismus beim ZK der SED, Berlin/Frankfurt a. M. 1978.

Glaeßner, Gert-Joachim: Herrschaft durch Kader. Leitung der Gesellschaft und Kaderpolitik in der DDR am Beispiel des Staatsapparates, Opladen 1977.

Henkys, Reinhard (Hrsg.): Die evangelischen Kirchen in der DDR. Beiträge zu einer Bestandsaufnahme, München 1982.

Holzweißig, Gunter: Massenmedien in der DDR, Berlin 1983.

Kiera, Hans-Georg: Partei und Staat im Planungssystem der DDR. Die Planung in der Ära Ulbricht, Düsseldorf 1975.

Lippmann, Heinz: Honecker. Porträt eines Nachfolgers, Köln 1971.

Ludz, Peter Christian: Parteielite im Wandel. Funktionsaufbau, Sozialstruktur und Ideologie der SED-Führung. Eine empirisch-systematische Untersuchung, Köln/Opladen ³1970.

Die Nationale Front der DDR. Geschichtlicher Überblick, Berlin 1984.

Neugebauer, Gero: Partei und Staatsapparat in der DDR. Aspekte der Instrumentalisierung des Staatsapparats durch die SED, Opladen 1978.

Die gesellschaftlichen Organisationen in der DDR. Stellung, Wirkungsrichtungen und Zusammenarbeit mit dem sozialistischen Staat. Autorenkollektiv. Hrsg.: Akademie für Staats- und Rechtswissenschaften der DDR, Berlin 1980.

Spittmann, Ilse/Fricke, Karl Wilhelm (Hrsg.): 17. Juni 1953. Arbeiteraufstand in der DDR, Köln 1982.

Weber, Hermann: SED. Chronik einer Partei 1971–1976, Köln 1976.

Weber, Hermann und Oldenburg, Fred: 25 Jahre SED. Chronik einer Partei, Köln ²1971.

8. Außenpolitik und Internationale Beziehungen

Außenpolitik der DDR. Sozialistische deutsche Friedenspolitik. Autorenkollektiv unter Leitung von Stefan Doernberg, Berlin ²1982.

Außenpolitik der DDR. Drei Jahrzehnte sozialistische deutsche Friedenspolitik, hrsg. vom Institut für Internationale Beziehungen, Berlin 1979.

Außenpolitik der DDR – für Sozialismus und Frieden. Hrsg.: Institut für Internationale Beziehungen an der Akademie für Staats- und Rechtswissenschaft der DDR, Berlin 1974.

Beziehungen DDR – UdSSR 1949–1955. Dokumentensammlung. 2 Halbbände, Berlin 1975.

Bruns, Wilhelm: Die Außenpolitik der DDR, Berlin 1985.

Bruns, Wilhelm: Die Uneinigen in den Vereinten Nationen. Bundesrepublik Deutschland und DDR in der UNO, Köln 1980.

Bruns, Wilhelm: Die UNO-Politik der DDR. UNO – DDR, Stuttgart 1978.

DDR – UdSSR. 30 Jahre Beziehungen 1949–1979. Dokumente und Materialien, 2 Halbbde., Berlin 1982.

Dokumente zur Außenpolitik der Regierung der DDR, Bde. I–X (1949–1962), Dokumente zur Außenpolitik der DDR, ab Bd. XI ff. (1963 ff.), Berlin 1954 ff.

Geschichte der Außenpolitik der DDR. Abriß. Hrsg.: Institut für internationale Beziehungen, Berlin 1984.

Gutmann, Gernot und Haendcke-Hoppe, Maria (Hrsg.): Die Außenbeziehungen der DDR, Heidelberg 1981.

Hänisch, Werner: Außenpolitik und internationale Beziehungen der DDR. Bd. 1: 1949–1955, Berlin 1972.

Holzweißig, Gunter: Diplomatie im Trainingsanzug. Sport als politisches Instrument der DDR in den innerdeutschen und internationalen Beziehungen, München/Wien 1981.

Jacobsen, Hans-Adolf/Leptin, Gert/Scheuner, Ulrich und Schulz, Eberhard (Hrsg.): Drei Jahrzehnte Außenpolitik der DDR. Bestimmungsfaktoren, Instrumente, Aktionsfelder, München/Wien ²1980.

Lamm, Hans Siegfried und Kupper, Siegfried: DDR und Dritte Welt, München 1976.

Mahnke, Hans-Heinrich (Hrsg.): Beistands- und Kooperationsverträge der DDR, Köln 1982.

Mallinckrodt, Anita Dasbach: Wer macht die Außenpolitik der DDR? Apparat, Methoden, Ziele, Düsseldorf 1972.

Mampel, Siegfried und Thalheim, Karl C. (Hrsg.): Die DDR – Partner oder Satellit der Sowjetunion?, München 1980.

9. Deutschland- und Berlinpolitik

Abrassimow, Pjotr: Westberlin gestern und heute, Berlin 1981.

Berlin. Quellen und Dokumente 1945–1951; Berlin. Chronik der Jahre 1951–1954; Berlin. Chronik der Jahre 1955–1956; Berlin. Chronik der Jahre 1957–1958; Berlin. Chronik der Jahre 1959–1960. Hrsg. im Auftrage des Senats von Berlin, Berlin 1964–1978.

Bruns, Wilhelm: Deutsch-deutsche Beziehungen. Prämissen, Probleme und Perspektiven, Opladen ⁴1984.

Dokumentation zur Deutschlandfrage. Zusammengestellt von Heinrich von Siegler. Bd. I–X (1941–1976), Bd. XI: Register, Bonn/Wien/Zürich 1961–1979.

Dokumente zur Deutschlandpolitik. Hrsg. vom Bundesministerium für gesamtdeutsche Fragen / seit 1969 für innerdeutsche Beziehungen. Reihen 1–5, Frankfurt a. M./Berlin 1961 ff.

End, Heinrich: Zweimal deutsche Außenpolitik. Internationale Dimensionen des innerdeutschen Konflikts 1949–1972, Köln 1973.

Gasteyger, Curt: Die beiden deutschen Staaten in der Weltpolitik, München 1976.

Hennig, Ottfried: Die Bundespräsenz in West-Berlin. Entwicklung und Rechtscharakter, Köln 1976.

Herzfeld, Hans: Berlin in der Weltpolitik 1945–1970, Berlin/New York 1973.

Hurwitz, Harold: Die politische Kultur der Bevölkerung und der Neubeginn konservativer Politik, Köln 1983. (Demokratie und Antikommunismus in Berlin nach 1945, Bd. I.)

Hurwitz, Harold und Sühl, Klaus: Autoritäre Tradierung und Demokratiepotential in der sozialdemokratischen Arbeiterbewegung, Köln 1984. (Demokratie und Antikommunismus in Berlin nach 1945, Bd. II.)

Lehmann, Hans Georg: Der Oder-Neiße-Konflikt, München 1979.

Mahncke, Dieter: Berlin im geteilten Deutschland, München/Wien 1973.

Münch, Ingo von (Hrsg.): Dokumente des geteilten Deutschland. Quellentexte zur Rechtslage des Deutschen Reiches, der Bundesrepublik Deutschland und der DDR, 2 Bde., Stuttgart ²1976.

Niclauß, Karlheinz: Kontroverse Deutschlandpolitik. Die innenpolitische Auseinandersetzung in der Bundesrepublik Deutschland über den Grundlagenvertrag mit der DDR. Hrsg. vom Bundesministerium für innerdeutsche Beziehungen, Frankfurt 1977.

Roth, Margit: Zwei Staaten in Deutschland. Die sozialliberale Deutschlandpolitik und ihre Auswirkungen 1969–1978, Opladen 1981.

Rühle, Jürgen und Holzweißig, Gunter: 13. August 1961. Die Mauer von Berlin, Köln 1981.

Schmid, Günther: Entscheidung in Bonn. Die Entstehung der Ost- und Entspannungspolitik 1969/70, Köln ²1980.

Texte zur Deutschlandpolitik. Hrsg. vom Bundesministerium für gesamtdeutsche Fragen / seit 1969 für innerdeutsche Beziehungen, Bd. 1 ff., Bonn/Berlin 1968 ff.

Verträge, Abkommen und Vereinbarungen zwischen der Bundesrepublik Deutschland und der DDR. Mit Anh.: Das Viermächte-Abkommen über Berlin vom 3. 9. 1971, Bonn 1973.

Weber, Werner und Jahn, Werner: Synopse zur Deutschlandpolitik 1941–1973, Göttingen 1973.

Weidenfeld, Werner (Hrsg.): Nachdenken über Deutschland. Materialien zur politischen Kultur der Deutschen Frage, Köln 1985.

Wettig, Gerhard: Die Sowjetunion, die DDR und die Deutschlandfrage 1965–1976. Einvernehmen und Konflikt im sozialistischen Lager, Stuttgart 1977.

Wettig, Gerhard: Das Vier-Mächte-Abkommen in der Bewährungsprobe. Berlin im Spannungsfeld zwischen Ost und West, Berlin 1981.

Wetzlaugk, Udo: Berlin und die deutsche Frage, Köln 1985.

Zehn Jahre Deutschlandpolitik. Die Entwicklung der Beziehungen zwischen der Bundesrepublik Deutschland und der Deutschen Demokratischen Republik 1969–1979. Bericht und Dokumentation. Hrsg.: Bundesministerium für innerdeutsche Beziehungen, Bonn 1980.

Zivier, Ernst R.: Der Rechtsstatus des Landes Berlin. Eine Untersuchung nach dem Viermächteabkommen vom 3. September 1971, Berlin ³1977.

10. Wirtschafts- und Sozialpolitik

Bethkenhagen, Jochen u. a.: DDR und Osteuropa. Wirtschaftssystem, Wirtschaftspolitik, Lebensstandard. Ein Handbuch, Opladen 1981.

Bethkenhagen, Jochen und Machowski, Heinrich: Integration im Rat für gegenseitige Wirtschaftshilfe. Entwicklung, Organisation, Erfolge und Grenzen, Berlin ²1976.

Bichler, Hans: Landwirtschaft in der DDR. Agrarpolitik, Betriebe, Produktionsgrundlagen und Leistungen, Berlin ²1981.

Bröll, Werner: Die Wirtschaft der DDR. Lage und Ansichten, München/Wien [3]1974.

Früchte des Bündnisses. Werden und Wachsen der sozialistischen Landwirtschaft der DDR, Berlin 1980.

Geschichte des Freien Deutschen Gewerkschaftsbundes. Hrsg.: Bundesvorstand des FDGB, Berlin 1982.

Gutmann, Gernot (Hrsg.): Das Wirtschaftssystem der DDR. Wirtschaftspolitische Gestaltungsprobleme, Stuttgart/New York 1983.

Haase, Herwig E.: Das Wirtschaftssystem der DDR. Eine Einführung, Berlin 1983.

Handbuch DDR-Wirtschaft. Hrsg.: Deutsches Institut für Wirtschaftsforschung Berlin, Reinbek bei Hamburg [4]1985.

Immler, Hans: Agrarpolitik in der DDR, Köln 1971.

Die Landwirtschaft der DDR, Berlin 1980.

Lieser-Triebnigg, Erika und Uschakow, Alexander: Die DDR in der osteuropäischen Wirtschaftsintegration. Eine juristische Analyse, Köln 1982.

Manz, Günter und Winkler, Gunnar (Hrsg.): Sozialpolitik, Berlin 1985.

Merkel, Konrad und Immler, Hans (Hrsg.): DDR-Landwirtschaft in der Diskussion, Köln 1972.

Obst, Werner: DDR-Wirtschaft. Modell und Wirklichkeit, Hamburg 1973.

Ruban, Marie Elisabeth: Gesundheitswesen in der DDR. System und Basis. Gesundheitserziehung, Gesundheitsverhalten, Leistungen, Ökonomie des Gesundheitswesens, Berlin 1981.

Seiffert, Wolfgang (Hrsg.): Außenwirtschaftsrecht der DDR, Berlin 1983.

Seiffert, Wolfgang (Hrsg.): Wirtschaftsrecht der DDR, Berlin 1982; Ergänzungsband, Berlin 1985.

Stinglwagner, Wolfgang: Die Energiewirtschaft der DDR. Unter Berücksichtigung internationaler Effizienzvergleiche, Bonn 1985.

Umweltprobleme und Umweltbewußtsein in der DDR. Hrsg. von der Redaktion Deutschland Archiv, Köln 1985.

Uschakow, Alexander (Hrsg.): Integration im RGW (Comecon). Dokumente, Baden-Baden [2]1983.

Sozialistische Volkswirtschaft. Hochschullehrbuch. Hrsg. von Hans-Heinrich Kinze, Hans Knop und Eberhard Seifert, Berlin 1983.

11. Sicherheits- und Verteidigungspolitik

Armee für Frieden und Sozialismus. Geschichte der Nationalen Volksarmee der DDR. Autorenkollektiv, Berlin 1985.

Buchbender, Ortwin/Bühl, Harmut/Quaden, Heinrich (Hrsg.): Sicherheit und Frieden – Handbuch der weltweiten sicherheitspolitischen Verflechtungen: Militärbündnisse, Rüstungen, Strategien. Analysen zu den globalen und regionalen Bedingungen unserer Sicherheit, Herford 1983.

Forster, Thomas M.: Die NVA. Kernstück der Landesverteidigung der DDR, Köln [6]1983.

Fricke, Karl Wilhelm: Die DDR-Staatssicherheit. Entwicklung, Strukturen, Aktionsfelder, Köln [2]1984.

Hartwig, Jürgen und Wimmel, Albert: Wehrerziehung und vormilitärische Ausbildung der Kinder und Jugendlichen in der DDR, Stuttgart-Degerloch 1979.

Henrich, Wolfgang (Hrsg.): Wehrgesetz und Grenzgesetz der DDR. Dokumentation und Analyse, Bonn 1983.

Nawrocki, Joachim: Bewaffnete Organe in der DDR. Nationale Volksarmee und andere militärische sowie paramilitärische Verbände. Aufbau, Bewaffnung, Aufgaben. Berichte aus dem Alltag, Berlin 1979.

Die Nationale Volksarmee der DDR im Rahmen des Warschauer Paktes, hrsg. vom Arbeitskreis für Wehrforschung, München 1980.

NVA. Nationale Volksarmee der DDR in Stichworten. Bearbeitet von Ullrich Rühmland, Bonn [6]1983.

Die NVA in der sozialistischen Verteidigungskoalition. Auswahl von Dokumenten und Materialien 1955/1956–1981. Herausgeberkollektiv, Berlin 1982.

Weck, Jörg: Wehrverfassung und Wehrrecht der DDR, Köln 1970.

Zeittafel zur Militärgeschichte der DDR 1969–1977. Autorenkollektiv des Militärgeschichtlichen Instituts der DDR, Berlin 1979.

12. Familien-, Jugend-, Bildungs- und Kulturpolitik

Akademie für Gesellschaftswissenschaften beim ZK der SED (Hrsg.): Die SED und das kulturelle Erbe. Orientierungen, Errungenschaften, Probleme, Berlin 1986.

Baske, Siegfried (Hrsg.): Bildungspolitik in der DDR 1963–1976. Dokumente, Wiesbaden 1979.

Das Bildungswesen der DDR. Gemeinschaftsarbeit, Berlin [2]1983.

Deja-Lölhöffel, Brigitte: Freizeit in der DDR, Berlin 1986.

Emmerich, Wolfgang: Kleine Literaturgeschichte der DDR, Darmstadt und Neuwied 1981.

Staatliche Dokumente zur sozialistischen Jugendpolitik in der DDR (Auswahl). Hrsg. vom Amt für Jugendfragen beim Ministerrat der DDR, Berlin o. J. (1971).

Freiburg, Arnold und Mahrad, Christa: FDJ. Der sozialistische Jugendverband der DDR, Opladen 1982.

Glaeßner, Gert-Joachim und Rudolph, Irmhild: Macht durch Wissen. Zum Zusammenhang von Bildungspolitik, Bildungssystem und Kaderqualifizierung in der DDR. Eine politisch-soziologische Untersuchung, Opladen 1978.

Gransow, Volker: Kulturpolitik in der DDR, Berlin 1975.

Günther, Karl-Heinz/Uhlig, Gottfried: Geschichte der Schule in der Deutschen Demokratischen Republik 1945–1971, Berlin [2]1974.

Helwig, Gisela: Jugend und Familie in der DDR. Leitbild und Alltag im Widerspruch, Köln 1984.

Hettwer, Hubert: Das Bildungswesen in der DDR. Strukturelle und inhaltliche Entwicklung seit 1945, Köln 1976.

Das Hochschulwesen der DDR. Ein Überblick. Hrsg. vom Institut für Hochschulbildung, Berlin 1980.

Husner, Gabriele: Studenten und Studium in der DDR, Köln 1985.

Jäger, Manfred: Kultur und Politik in der DDR. Ein historischer Abriß, Köln 1982.

Lindemann, Hans und Müller, Kurt: Auswärtige Kulturpolitik der DDR. Die kulturelle Abgrenzung der DDR von der Bundesrepublik Deutschland, Bonn-Bad Godesberg 1974.

Obertreis, Gesine: Familienpolitik in der DDR 1945–1980, Opladen 1986.

Wilhelmi, Jutta: Jugend in der DDR. Der Weg zur „sozialistischen Persönlichkeit", Berlin 1983.

Wissenschaft und Gesellschaft in der DDR. Eingeleitet von Peter Christian Ludz, München 1971.

V. Namenregister

Weitere Veröffentlichungen des Autors

Veröffentlichungen im Verlag C. H. Beck, München:

In Acht und Bann. Politische Emigration, NS-Ausbürgerung und Wiedergutmachung am Beispiel Willy Brandts (1976).

„Lehmanns Werk sollte für alle angehenden Historiker und Sozialwissenschaftler Schulbespiel sein für blitzsauberes Arbeiten und unnachgiebiges Erforschen dessen, was war." (Manfred Funke in „DAS PARLAMENT")

„Die Kombination von historischen, politischen und juristischen Betrachtungsweisen und Urteilskriterien, deren Lehmann sich bedient, führt zu einer wirklich umfassenden Durchdringung der Materie, zu einem sehr abgewogenen Urteil... Bücher wie das von H. G. Lehmann gehören zum Besten, was dieses neu entstandene Forschungsinteresse (am deutschen Exil) bisher hervorgebracht hat." (Hans-Albert Walter im Hessischen Rundfunk)

Der Oder-Neiße-Konflikt (1979).

„Der Verfasser hat es verstanden, den mit besonders starken Emotionen belasteten Problemkomplex sachlich-nüchtern zu erörtern, im Detail viel Neues zu bieten und dieses in eine überzeugende Gesamtinterpretation einzufügen." (Andreas Hillgruber in der „Historischen Zeitschrift")

Lehmanns „Argumentation ist empirisch begründet, wissenschaftlich schlüssig, erfreulich knapp und allgemein verständlich. Es handelt sich daher um ein gleichermaßen politisch relevantes und wissenschaftlich gutes Buch, das dem zeitgeschichtlich Interessierten empfohlen werden kann." (Gerhard Wettig in „Annotierte Bibliographie für die politische Bildung")

Chronik der Bundesrepublik Deutschland 1945/49 bis 1983 (^{2}1983).

„Alles in allem ist die Chronik ein ausgezeichnetes, preiswertes Nachschlagewerk für einen breiten Benutzerkreis, für Wissenschaftler, Politiker, Journalisten ebenso wie für Lehrer, Studenten und Schüler sowie alle an Zeitgeschichte und Politik interessierten Bundesbürger..." (Horst A. Pötzsch in „DAS PARLAMENT")

„Das schwierige Unterfangen, auf knapp 200 Seiten nicht nur eine ungeheure Ansammlung von Fakten auszubreiten, sondern sie in einen klar gegliederten, systematischen Zusammenhang zu bringen, gelingt dem Autor sehr überzeugend." (Marlis Wilde-Stockmeyer in „Informationen Deutsch als Fremdsprache")

Weitere Buchveröffentlichungen:

Die Agrarfrage in der Theorie und Praxis der deutschen und internationalen Sozialdemokratie. Vom Marxismus zum Revisionismus und Bolschewismus, Tübingen 1970 (ital. Übersetzung Mailand 1977).

(Mithrsg.) Akten zur deutschen auswärtigen Politik 1918–1945, Serie E, 4 Bde., Göttingen 1969–1975.

Der Reichsverweser-Stellvertreter. Horthys gescheiterte Planung einer Dynastie, Mainz 1975.

Carlo Schmid Bibliographie, Bonn-Bad Godesberg 1977.

(Hrsg.) Die europäische Integration in der interdisziplinären Lehrerbildung, Bonn 1981.

Öffnung nach Osten. Die Ostreisen Helmut Schmidts und die Entstehung der Ost- und Entspannungspolitik, Bonn 1984.

Nationalsozialistische und akademische Ausbürgerung im Exil. Warum Rudolf Breitscheid der Doktortitel aberkannt wurde, Marburg 1985.

Die Oder-Neiße-Grenze aktuell und historisch, Bonn 1985.